— 우리 삶을 바꾸는 도시 —

넥스트시티

김동근 지음

더포스트

들어가며

30년 가까이 공직생활을 하면서 도시에 대해 공부하고 고민했던 내용을 정리하고 싶었다. 그 과정 속에서 도시의 미래에 대해 좀 더 폭넓게 생각할 수 있는 시간을 가질 수 있겠다는 기대감도 들었다. 이것이 이 책을 쓴 배경이다.

0.837명. 대한민국의 2020년 합계출산율이다. 우리 사회는 이미 초저출산 국가가 되었다. 고령화 진행 속도 역시 세계에서 가장 빠르다. 기후변화로 생태계가 무너지고 있고 4차 산업혁명 시대는 우리에게 산업구조 전반에 걸쳐 변화를 요구하고 있는 상황이다. 도시를 구성하는 핵심 요소인 인구 구성과 사회경제 구조, 생태환경이 급변하고 있는 것이다.

건강, 환경, 일자리 등 우리 삶과 밀접하게 관련된 문제를 개인이 해결하기에는 분명히 한계가 있다. 인구 90% 이상이 도시에 거주한다. 개인의 노력만으로 더 나은 삶을 추구하기 쉽지 않다. 우리가 직면한 과제를 해결하기 위해서는 도시가 시민들과 함께 적극적으로 대안을 찾아 나서야 한다.

수십 년 동안 경제성장 중심 사회가 지속되어 왔다. 지금까지 도시를 운영하는 주체의 대부분은 개발하고 확장하고 뭔가를 채우는 것을 성공의 지표로 삼아왔다. 그 결과, 우리는 물질적 풍요를 얻었지만 세대 간, 도시 간, 계층 간 양극화는 더 심화됐다.

개발시대 방식으로 소수 엘리트가 몇 가지 대형사업 추진을 통해 단기간에 도시를 발전시키는 공식이 더는 유효하지 않다는 것이 증명되고 있다. 하지만 대한민국 사회는 여전히 과도한 중앙집권적 구도와 사고에서 벗어나지 못하고 있다. 여전히 거대한 담론 또는 국가적 상황에 의해 우리 삶이 일방적으로 제약되고 있다. 도시와 공공서비스를 바라보는 철학과 성찰이 부족한 탓이다.

더 나은 삶과 도시 공동체가 되기 위해서는 우리가 살고 있는 동네에서부터 작은 변화가 시도되어야 한다. 이제 지방정부가 주도하는 자치분권 시대로 나아가야 한다. 비록 작아 보이지만 우리 삶에 직접적으로 영향을 미치는 일부터 주민 스스로 결정하고 책임지는 방식으로 전환해야 한다. 그러기 위해서는 도시가 주민과 함께 변화의 주체가 되어야 한다.

걷고싶은도시, 생태도시, 디자인도시, 아이키우기좋은도시, 문화도시, 기업하기좋은도시, 평생학습도시, 고령친화도시, 건강도시, 안전도시 등 10가지 주제를 선정했다. 10가지 주제는 도시에서 살아가고 있는 주민들에게 '어떤 도시에 살고 싶은가'를 질문해 선정했다. 도시를 만들고 운영하는 주체 입장에서 '주민이 원하는 도시를 어떻게 만들까?'라는 고민도 이어졌다. 특히 '다음 세대가 살기 좋은 도시는 어떤 모습일까?'라는 중요한 질문을 놓치지 않고자 했다.

각각의 도시 문제에 집중할수록 10가지 주제들은 밀접하게 연결되어 있다는 사실을 알 수 있었다. 한 예로 안전한 도시는 아이 키우기 좋은 도시이자 건강 도시다. 그와 함께 고령친화도시, 기업하기 좋은 도시, 디자인 도시가 되기 위한 필수 요건이기도 하다. 도시의 주인인 시민을 중심으로 각각의 요소들이 서로 긴밀하게 연결되어 있음을 발견했다.

지금까지 사회 경제 시스템과 제도, 인프라는 '경제성장 제일주의'에 기반을 두었다. 미래 도시 모습은 사람과 자연이 조화를 이루는 가치를 지향하면서 시민의 안전과 편리함, 삶의 질을 중시하는 관점으로 전환되어야 한다.

책 제목을《넥스트시티》로 정한 것도 이같은 이유에서다.

우리가 원하는 살기 좋은 도시를 만들기 위해서 반드시 요구되는 사항들이 있다. 무엇보다 시민공동체의 구성원들은 지향하는 사회에 대한 비전을 함께 공유해야 한다. 도시를 공부하고 행정 경험을 통해 얻은 것은 누구 한 사람 또는 소수가 생각하는 도시 정책은 지속가능성이 없다는 것이었다. 두 번째로 도시정책의 수립과 집행에 일관성이 있어야 한다.

정책을 추진하는 과정에서 일관성이 있어야 하며 리더가 바뀌었다고 핵심 도시 정책이 바뀌어서는 주민들이 원하는 도시를 만들 수 없다. 우리가 부러워하는 선진국 도시들은 최소 수십 년, 수백 년에 걸쳐 만들어졌다. 세 번째로 실행가능한 작은 일부터 시작해야 한다.

결국 시민과 함께 만들어야 한다. 시민 참여 없이는 아무리 좋은 정책도 의미 있는 결실을 맺을 수 없다. 살기 좋은 도시는 끊임없는 과정이기에 시민이 참여해 함께 성장하지 않으면 지속가능한 발전을 이룰 수 없다. 도시는 유기체와 같은 특성을 갖고 있다. 끊임없이 성장과 쇠퇴를 거듭한다. 도시의 주인인 시민들이 어느 방향을 선택하느냐에 따라, 어떤 준비를 해나가느냐에 따라 다가올 미래 모습은 달라진다. 희망이 될 수도 악몽이 될 수도 있다.

요즘 도시 구석구석을 걸으며 현장 공부를 하고 있다. 걷는 것만큼 도시를 관찰하고 공부하기에 더 좋은 방법이 없기 때문이다. 시민의 눈높이에서 각종 도시 문제를 볼 수 있고 생생한 목소리를 들을 수 있다. 시민이 가리키는 방향을 바라보려고 노력하고 있다. 걷는다는 것을 다른 표현으로 하면 만남이다. 걷다 보면 이웃과 만나고 동네 반려견과 만나고 동네 하천과 만나고, 작은 가게와도 만난다. 내가 사는 동네 삶과 만나는 것이다.

결국 우리가 살고 싶은 도시는 걷고 싶은 도시다. 몇 사람이 어떤 목적을 가지고 계획적으로 만들어진 도시가 아니라 그곳에서 대대로 살아온 주민들의 발자국과 손길로 만들어진 도시다. 내 집을 가꾸는 마음으로 시민들의 관심과 정성이 더해진 도시가 지속가능한 도시다. 넥스트시티는 그동안 놓쳤던 소중한 것들을 되찾고 다음 세대가 살기 좋은 곳으로 만드는 과정이다. 우리는 더 나은 도시에서 살 권리가 있다. 더 살기 좋은 도시를 만들고 싶다.

2021년 9월
의정부에서 김동근

추천사_박수영 국회의원 (국민의힘 부산 남구갑)

책을 펴낸다는 연락을 받고 TV 드라마 '응답하라, 1988'처럼 경기도에서 함께 일했던 기억이 소환되었다. 경기도 행정1부지사로, 김동근 대표는 기획조정실장으로 근무했다. 무상급식 문제와 감액추경이 필요할 정도로 심각한 도 재정난 등 현안이 쏟아져 나온 시기였다. 정치인인 김문수 지사님을 설득하기도 하고 때로는 반대 입장에서 직언도 드렸다. 경기도 의회와 끊임없는 대화와 협상으로 어려운 상황을 하나씩 돌파해 나갔다. 당시 나와 김동근 대표를 포함한 공무원들이 주도적으로 당면한 문제들을 해결해 나갔다.

작금의 중앙정부와 경기도에서 행정 공무원들이 예전처럼 행정 전문성과 소신을 갖고 당당하게 일할 수 있는 환경이 되지 못하는 있는 상황에서 후배 공무원들을 보면 안스럽고 가끔씩은 그 때가 그리워지기도 한다.

책 내용을 살펴보니 저출산, 고령화, 환경, 일자리 등 우리 시대가 안고 있는 핵심적인 주제들을 담아냈다. 현장 행정 전문가답게 거대 담론보다 시민들이 살아가고 있는 삶의 현장인 도시라는 공간적 범위에서 중앙정부 시각이 아닌 시민 눈높이에 맞는 질문과 대안을 구체적으로 제시한 것이 돋보인다. 나아가 건강도시, 문화도시, 평생학습도시, 걷고 싶은 도시 등 주민들이 살고 싶은 공동체 모습을 제시하면서 그것들이 실현되기 위해 도시가 실천해야 할 방안들도 담고 있다.

언젠가 이런 말을 한 적이 있다. 만약 경기도청 공무원 출신으로 최초의 경기도지사가 된다면 최고의 적임자는 김동근 대표라고 말이다. 중앙정부(총리실), 광역 지자체(경기도), 기초 지자체(의정부) 등 행정 경험이 풍부한 김동근 대표가 우리나라 도시들이 안고 있는 구체적인 이슈들에 대해 치열하게 고민하고 있는 모습을 보고 다시 그가 준비된 리더라는 생각이 들었다.

이 책이 도시 문제에 관심이 있거나 향후 도시를 경영할 분들에게 많은 도움이 될 것이다. 자신있게 일독을 권해본다.

추천사_최재붕 교수 (성균관대학교)

　김동근은 나의 오랜 지인이다. 그는 에너지 넘치는 행정가이면서 동시에 업무보다 사람에게 더 많은 따뜻한 관심을 가진 형으로 내게 각인되어 있다. 그가 쓴 책《넥스트시티》를 한 장 한 장 살펴보면서 그의 꼼꼼하고 세심했던, 사람에 대한 배려의 기억이 묻어나와 슬며시 웃음이 새어나왔다.

　디지털 문명시대라 테크 중심의 스마트 도시가 대세라고 모두 외치고 있는 지금 그는 여전히 기술이 아니라 '사람이 도시의 중심'이라고 이야기한다. 나는 포노 사피엔스라는 신인류의 등장을 이야기하면서 디지털 문명시대에도 가장 중요한 것은 사람이라고 강조했다. 그리고 우리가 만들어가야 할 도시의 미래를 이 책에서 읽어낼 수 있었다.

　표준 인류는 스마트폰을 신체의 일부처럼 사용하는 신인류, 포노 사피엔스로 바뀌었지만 디지털 문명에서 소비자의 권력은 더 강화되었다. 모든 도시는 이제 '시민의 팬덤'이 없이는 지속 가능할 수 없다. 풍부한 행정경험과 사람에 대한 깊은 관심이 빚어낸 미래 도시에 대한 그의 담론은 도시민이 강렬하게 원하는 것을 정확히 짚어내고 있다. 그가 꿈꾸는 도시는 예리하고 스마트하기보다 정감 있고 따뜻하다. 그것이 미래 도시의 에너지원이다. 디지털 문명의 대전환 시대에 이 책에 담긴 '시민이 주인인 따뜻한 도시'들이 우리나라 곳곳에 실현되기를 기대해본다.

차례

1장 걷고싶은도시

왜 보행자를 위한 도시인가 · 19

자동차 중심에서 보행자 중심으로 · 24

시민들의 발자국과 손길로 이뤄진 도시 · 30

2장 생태도시

미세먼지, 고층건물, 회색도시 · 41

대표적인 생태도시 사례들 · 43

녹색도시가 성장하는 도시다 · 49

3장 디자인도시

디자인의 목적은 안전하고 품격 있는 도시다 · 61

디자인은 삶에 대한 철학의 영역이다 · 66

시민들이 살기 좋은 디자인 도시를 만드는 방법 · 71

4장 아이 키우기 좋은 도시

초저출산 사회 대한민국 … 83

출산 대책의 실패는 필연적이었다 … 87

개인 삶이 행복한 것 자체가 목적이다 … 92

조선시대에도 출산휴가 제도가 있었다 … 97

5장 문화도시

모든 도시는 문화도시가 되어야 한다 … 103

문화를 기반으로 도시가 혁신되어야 한다 … 107

문화도시는 어떻게 만들어지는가 … 112

문화는 우리 삶의 총체다 … 116

6장 기업하기 좋은 도시

일자리는 먹고사는 문제다 … 127

좋은 일자리는 좋은 기업이 만든다 … 132

도시는 인재를 유치해야 한다 … 136

도시 관점의 변화가 핵심이다 … 141

7장 평생학습도시

변화에 뒤처지는 대한민국 교육　　　　　　　　　　　　　　149

평생학습은 시대의 요구다　　　　　　　　　　　　　　　152

배움을 설계하고 실천하는 주체로　　　　　　　　　　　　155

우리 자신을 위한 배움의 시작　　　　　　　　　　　　　　159

8장 고령친화도시

초고령사회 진입을 앞둔 대한민국　　　　　　　　　　　　169

위기만 있으라는 법은 없다　　　　　　　　　　　　　　　174

우리 모두는 노인이 된다　　　　　　　　　　　　　　　　179

65세는 노년이 아닌 중년의 출발선이다　　　　　　　　　　184

9장 건강도시

왜 건강도시인가　　　　　　　　　　　　　　　　　　　　191

모두의 건강, 모든 정책에서의 건강　　　　　　　　　　　　197

건강도시를 위한 현실가능한 실천　　　　　　　　　　　　201

10장 안전도시

우리의 도시는 안전한가   215

살고 싶은 도시는 안전한 삶을 보장하는 데서 출발한다   220

예방은 안전의 최우선 가치다   226

안전문화 없이 안전사회도 없다   231

지역은 안전관리 체계의 핵심이다   235

참고 문헌   240

1장
걷고싶은도시

왜 보행자를 위한 도시인가

자동차 중심에서 보행자 중심으로

시민들의 발자국과 손길로 이뤄진 도시

왜 보행자를 위한 도시인가

걸으면 좋은 점이 정말 많다

자연스럽게 건강이 따라온다. 천천히 걷다보면 어느 순간 사색을 하게 된다. 자동차를 타지 않게 되니 환경에도 도움이 된다. 돈도 절약된다. 도시에 관심이 많아 이곳저곳을 다니다보면 거리가 가장 중요하다는 것을 느낀다. 도시 안에 있는 수많은 공공 인프라 중 시민들이 가장 많이 그리고 자주 이용하는 공간이 바로 거리이기 때문이다. 거리는 도시를 연결시켜 주는 실핏줄 같은 역할을 한다. 그래서 거리를 걷다보면 도시 안에서 살아가는 시민들의 모습을 볼 수 있고 도시의 과거와 현재, 미래가 보인다. 가장 좋은 점은 시민들과 눈을 마주치고 같은 눈높이에서 같은 속도로 세상을 함께 바라본다는 점이다.

오성훈 연구위원은 하루하루 힘겨운 일상을 보내는 시민들에게 추상적 차원이 아닌 현실적 차원에서 '왜 보행자를 위한 도시인가?'라는 질문을 던진 후 보행도시는 안전한 도시, 효율적인 도시, 건강한 도시, 아름다운 도시, 공동체의 도시라고 설명한다. 먼저 안전한 도시와 관련해 이동하면서 사람을 다치거나 죽게 하지 않는 것이 도시 정책의 기본 방향이 되어야 한다고 강조한다. 두 번째로 효율적 도시와 관련해 이동을 위해 1톤이 넘는 자동차를 이용함으로써 더 많은 에너지 소비와 온실가스를 배출하는 비효율을 제거해야 한다. 세 번째로 보행환경이 갖춰진 상태에서 시민들이 다른 교통수단보다 보행을 통해 도시를 이용할 때 건강한 도시라고 할 수 있다. 네 번째로 아름다운 도시는 거주민과 여행자 모두 승용차를 타기보다 걷기를 선택하는 도시를 말한다. 마지막으로 보행도시는 다양한 양상이 도시에 구현되어 더 다양한 사람들이 도시공간을 이용할 수 있는 공동체 도시다.(오성훈, 《보행도시를 위한 도시 정책》, auri brief, 2014.) 결국 걷고 싶은 도시를 만든다는 것은 한 도시가 안고 있는 사회적, 경제적, 환경적 문제를 해결해가는 과정이며 그 도시가 지향하는 사회로 도달하기 위한 목적이자 수단이라고 생각한다.

도시는 시민이 주인이다. 하지만 어느 순간 거리의 주인은 시민이 아닌 자동차가 되어버린 도시가 대부분이다. 큰 도로뿐만 아니라 주택가 골목에도 온통 자동차가 지배하고 있다. 자동차를 피해 다녀야 한다. 아이들이 마음 놓고 뛰어다닐 공간이 없다. 이렇게 된 데는 지금까지 우리 도시 정책 우선순위가 자동차 중심이었던 탓이다. 이제 도시의 주인인 시민 중심의 도시 정책으로 전환되어야 한다는 차원에서 문제를 제기하고자 한다.

〈보행자 중심으로 바뀐 뉴욕시 맨허튼 브로드웨이의 모습, 출처:뉴스&〉

걷고 싶은 도시란

  와타나베 슌이치 교수는 '걷고 싶은 도시'의 현대적 의의를 다음과 같이 네 가지로 요약하고 있다. 첫 번째로 자동차 중심의 도시구조를 보행자 중심 도시구조로 바꿈으로써 '지구온난화 문제' 해결에 공헌한다. 두 번째는 벽이 없는(Barrier-free), 즉 장애물 없는 도시설계를 통해 자동차 이용이 힘든 '고령층을 배려'하는 도시정책이 될 수 있다. 세 번째로 주민들이 살고 싶고 외국인들이 방문하고 싶어 하는 '걸어서 즐거운 도시 공간'을 조성한다. 마지막으로 도시를 생산자 시점으로부터 살고 있는 주민들의 삶의 질을 향상시키는 '생활자' 시점으로 전환시킨다는 점이다. 그러면서 그는 걷고 싶은 도시는 현대적인 도시 모습으로 "경제적 능률만 추구해왔던 도시계획으로부터 문화적·사회적 여유가 넘치는 도시계획으로 전환하는 것을 의미"한다고 강조하고 있다.(강병기,《걷고 싶은 도시라야 살고 싶은 도시다》, 보성각, 2007.)

매년 세계에서 가장 살기 좋은 도시, 걷고 싶은 도시 중 하나로 선정되고 있는 덴마크 코펜하겐에 대해 살펴봄으로써 걷고 싶은 도시의 현대적 의의가 구현되고 있는 모습을 들여다보겠다.(참조 : 1. 안상욱,《코펜하겐 도시재생》, 'nakeddenmark.com', 2. 조선일보, '걷고 싶은 도시, 코펜하겐', 2001.3.25.) 코펜하겐이 '걷고 싶은 도시'로 세계에서 손꼽히는 것은 자동차를 타는 것보다 걷거나 자전거를 이용하는 것이 편리하고 빠르다는 것을 시민들이 삶 속에서 느낄 수 있도록 도시를 디자인했기 때문이다. 코펜하겐도 처음부터 걷기 좋은 도시는 아니었다. 여느 도시처럼 1960년대 자동차 급증으로 몸살을 앓는 도시였다.

건축가이자 도시공학자인 얀 겔(Jan Gehl)은 사람이 살기 좋은 도시는 저절로 얻어지는 것이 아님을 인식하고 건물과 같은 외형적 요소가 아닌 그 곳에서 살아가는 사람들의 삶의 질에 초점을 맞추어 보행자를 위한 도시계획을 실행했다. 자동차 중심으로 도시를 설계하는 기존 도시계획자와 달리 걷는 사람들의 입장에서 도시를 디자인했다. 걷는 데 방해가 되는 계단과 턱, 육교, 지하도의 개념을 없애고, 신호등과 같은 도로 시설물은 걸어가는 사람의 눈높이에 맞췄다.

〈덴마크 스트로이에 거리 모습, 출처:denstoredanske.dk〉

또한, 코펜하겐시는 1962년 주요 도로 중 하나인 '스트로이에'(1.4km, 폭 10m)에 대해 차량통행금지 조치를 취했다. 시행 초기 교통혼잡과 영업 손실 등을 이유로 교통전문가와 상인들의 극렬한 반대가 있었다. 하지만 반대를 무릅쓰고 실시한 보행자 전용도로와 전용구역을 지정하는 시범사업은 유례없는 성공을 거둬 이후 상인들은 적극적인 지지자로 바뀌었다. 코펜하겐시는 시설에 투자하기보다 보행 흐름을 방해하지 않는 데 중점을 두었다. 새로운 도로건설이나 확장 계획은 없으며 2000년도 도로 유지관리 예산이 80억 원에 불과하다고 한다. 서울 인사동길 560m 도로 치장에 40억 원이나 들어가는 것이 우리의 현실이다.

우리나라 도시정책을 담당하는 도시계획가와 행정가들이 정책을 수립하고 집행하는 과정에서 시민들과 도시 미래를 위해 무엇을 지향해야 하는지, 어떤 생각을 가져야 하는지, 구체적으로 어떤 방식으로 사업을 추진해야 하는지에 대해 많은 것을 알려주는 소중한 사례다.

자동차 중심에서 보행자 중심으로

걷고 싶은 도시의 필수 조건

제프 스펙은 도시가 걷기에 얼마나 편한가를 판단할 수 있는 4가지 필수 조건에 대해 말하고 있다. 먼저 일상적으로 이용하는 장소들이 얼마나 가까운 곳에 있는지를 판단하는 '유용성'. 둘째, 보행자가 걷기에 충분히 안전하다고 느끼는 '안전성'. 셋째, 가로를 내 집처럼 느끼게 만들어 주는 '편안함'. 마지막으로 친숙하면서도 특색 있는 건물이 있어 단조롭지 않은 '흥미로움'이다.(제프 스펙,《걸어다닐 수 있는 도시》, 마티, 2015.)

〈걸어다닐 수 있는 도시, 마티〉

이 4가지 요소를 바탕으로 우리 도시의 모습을 살펴보자. 먼저 유용성 측면에서 일상생활에 필요한 장소들이 도시 내에 분산되어 있다. 베드타운이라는 말이 있듯이 일터와 삶터도 분리되어 있다. 문화시설과 상가도 따로 떨어져 있다. 이처럼 분산된 도시는 시민들이 생활의 필요에 따라 도시 내 이동을 많이 할 수밖에 없다. 이는 필연적으로 걷기보다 자동차를 선택할 수밖에 없는 라이프스타일로 굳어진다. 안전성과 관련해 보면 구도심에서 특히 아이들이 매일 다니는 등하굣길은 친구들과 이야기하면서 걸을 수 없을 정도로 좁은 곳이 많다. 자동차가 다닐 수 있게 인도를 줄인 결과다. 자전거 도로를 만들 경우에도 차도를 줄여 만드는 것이 아니라 인도를 줄여 만드는 것이 지금까지 우리 행태다. 시내에서 벗어나 외곽으로 나가면 아예 인도가 설치되지 않은 곳도 있다.

걷는 데 불편을 주는 시설물도 너무 많다. 볼라드, 가로등, 신호등, 배전반 등 자동차 운행을 위한 시설물이 인도를 차지하고 있다. 입간판, 전선줄, 쓰레기 등이 거리를 점령해 보행에 불편을 주는 것은 물론 미관상 보기에도 지저분해 걷는 즐거움을 방해한다. 길 자체가 기울어진 곳도 있고 움푹 파인 곳도 많다. 보도블록은 울퉁불퉁해 특히 어두운 밤길에는 다치기 십상이다. 차도와 인도, 인도와 건물 사이의 턱이 높아 장애우와 유모차를 끄는 부모들은 항상 위험에 노출되어 있다.

교통시스템도 자동차 중심으로 되어 있다. 신호등 주기를 '걸어 다니는 사람들이 얼마나 편리하고 안전하게 건널 수 있을까'라는 관점보다 자동차 흐름이 막히지 않고 이어질 수 있게 신호체계를 연동해놓았다. 주차 문제는 더 심각하다. 골목길은 주차장이 된 지 이미 오래다. 보행에 불편을 주는 것은 물론 주·정차된 차량 사이로 아이들이 갑자기 나오는 경우가 다반사여서 사고 위험까지 높다. 걷다가 힘들면 쉴 수 있는 벤치 등의 편의시설은 찾기 어렵다. 사람이 걸어 다닐 수 있는 길은 여전히 위험하고 걷는 데 필요한 시설은 부족하고 걷는 데 불필요한 시설은 지나치게 많은 것이 현실이다.

도시 거주민들 대부분이 살고 있는 아파트는 어디를 가든지 획일적 모습을 하고 있다. 거리는 자동차 중심으로 설계되어 있는 까닭으로 직선으로 뻗어 있어 걷기에 지루할 정도로 단조롭다. 아파트 주변에는 일반적인 상가가 있을 뿐 특색 있거나 흥미를 유발하는 문화예술적인 요소도 많이 부족하다. 이처럼 대부분 우리 도시는 걷기에 불편하고 불안하며 거리 풍경은 단조롭고 일상적인 생활에 필요한 장소들은 흩어져 있다. 걷고 싶지 않은 도시의 모습과 형태를 지니고 있다. 우리가 걷기 좋은 거리라고 불리는 홍대 입구, 경리단길, 인사동길, 수원 행궁동길과 비교해 보면 그 차이를 알 수 있다.

왜 이런 현상이 벌어지고 있을까? 가장 큰 이유는 지금까지 대부분 도시 정책을 수립하고 이를 집행하는 담당자들의 사고방식과 시스템이 자동차 중심으로 이루어져 있기 때문이다. '사람'을 위한 도시를 만든다고 하지만 지향하고자 하는 도시의 대한 명확한 방향과 기준이 없다. 그 다음으로 지적할 것은 전문화될수록 부서 할거주의가 심해지고 있다는 것이다. 대부분 담당부서는 자기 업무에만 한정해 생각한다. 도로부서는 도로 정체를 해소하는 것이 주된 목표로 도로 확장을 통해 문제를 해결하고자 한다.

걷고 싶은 도시가 되면 어떤 점이 좋을까

걷고 싶은 도시로 이행될 때 얻게 되는 효과는 크게 3가지로 나누어 볼 수 있다. 먼저 삶의 질이 향상된다. 시민들 특히 신체적·사회적 약자들에게 안전하고 편리하고 건강한 도시 생활을 영위할 수 있는 조건을 만들어준다. 둘째, 생태친화적인 도시를 조성하는 데 도움을 준다. 걸어 다님으로써 자동차에서 뿜어내는 미세먼지를 줄일 수 있고 화석 에너지 사용을 억제함으로써 탄소 제로 시대로 가는 출발점이 된다. 셋째, 지역 경제를 활성화시킨다. 제프 스펙은 걸어 다닐 수 있는 도시를 만들 경우 창의적인 인재를 도시로 끌어들이고 이는 더 많은 인구 유입으로 이어지며 이동에 드는 비용을 절약해 그 비용을 지역 경제 내에 머물게 한다고 한다.(제프 스펙,《걸어 다닐 수 있는 도시》, 마티, 2015.)

제프 스펙은 걷기 좋은 도시를 만드는 10단계를 제시했다. 1단계는 '차를 두고 다녀라', 2단계는 '용도를 혼합하라', 3단계는 '주차할 권리를 얻어라', 4단계는 '교통체계를 작동시키자', 5단계는 '보행자를 보호하라', 6단계는 '자전거를 도입하라', 7단계는 '공간을 만들어라', 8단계는 '가로수를 심어라', 9단계는 '친숙하면서 특색 있는 얼굴을 만들어라', 10단계는 '유리한 곳을 선택하라.'

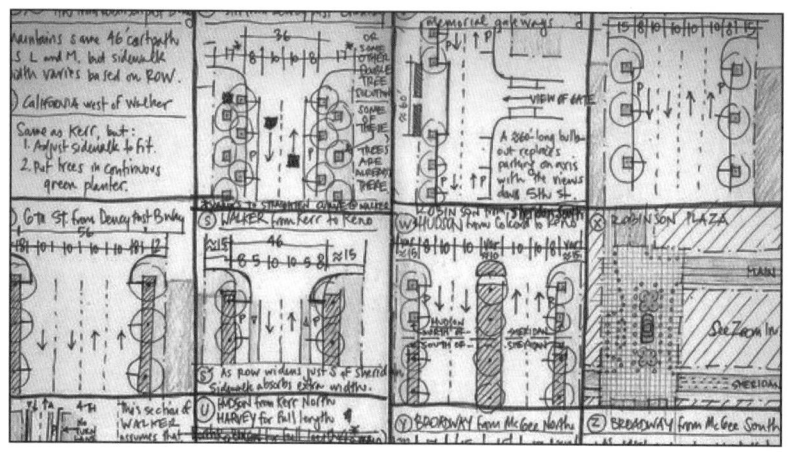

〈제프 스펙이 제시한 걷기 좋은 도시를 만드는 10단계〉

우리가 할 수 있는 일들은 무엇인가

도시를 바라보는 관점과 기존 도시계획 방향을 전환하는 것이 중요하다. 지금까지의 도시계획은 자동차 중심으로 얼마나 빨리 도착하는가의 관점에서 설계되어 왔다. 차가 막히면 도로를 확장하고 도로를 확장하면 차가 몰리는 악순환이 반복되는 현상이 일어나고 있다. 도심 속 환경문제는 갈수록 심각해지고 골목길은 주차문제로 몸살을 앓고 주민 간 갈등은 심화된다.

또한 우리 도시 공간은 단절되어 있다. 획일적인 대규모 도시개발 방식의 폐해다. 유현준 교수는 단절된 도시의 모습을 '다도해 같은 도시'라고 표현하면서 단절의 이유는 공간적 관점에서 주요 이동수단이 자동차와 지하철이기 때문이란다. 이를 해소할 가장 좋은 방법은 걷게 하는 것이라고 말한다.(유현준,《어디서 살 것인가?》, 을유문화사, 2018.)

이제 자동차 중심에서 보행자 중심으로, 경제적 효율 중심의 생산자 관점에서 도시 속에서 삶을 영위하는 생활자 관점으로 다시 바라보아야 한다. 이를 구체적인 도시계획으로 실천한 사례로 미국 포틀랜드가 있다. 고속도로 건설보다 '교통체계와 자전거 활성화에 투자'하고 다른 도시가 도로를 넓혔을 때 '좁은 도로를 채택'하고 외곽을 무분별하게 개발하기보다 '개발제한구역을 설정'했다. 생활방식 자체를 변화시킨 것이다.(제프 스펙,《걸어서 다닐 수 있는 도시》, 마틴, 2015.) 김기호 교수는 우리 도시들은 아직도 1970~1980년대 개발중심주의, 자동차 중심주의 시대에 수립된 도심재개발을 진행하고 있는데 도시설계에서 이런 '잘못한 것을 고치는 용기'가 필요하다고 역설한다.(《걷고 싶은 도시 만들기-도시설계와 함께》, Urban Review.)

시민들의 발자국과 손길로 이뤄진 도시

'보행자 중심'이 방향과 가치다

'걷고 싶은 도시'를 통해 '살고 싶은 도시'를 만든 해외 주요 사례를 추적하다보면 그 이면에는 도시 계획에 대한 가치와 철학을 소유하고 이를 실행할 수 있는 의지를 가진 리더가 있음을 알 수 있다. 전 세계 도시계획에 대한 벤치마킹 대상 도시로 손꼽히는 브라질 꾸리찌바시에는 행정가이자 도시계획자인 자이메 레르네르(Jaime Lerner)시장이 있다. 그리고 앞에서 살펴본 덴마크 코펜하겐이 세계에서 가장 걷기 좋은 도시로 매년 선정되는 데는 탁월한 건축가이자 도시공학자인 얀 겔(Jan Gehl)이 있다. 살고 싶은 도시는 단순히 도시를 보기 좋게 꾸미는 하드웨어 개발 방식으로 이루어질 수 없다. 살아가고 있는 시민들을 위한 정책이 바탕이 되어야만 지속가능한 도시가 될 수 있다. 그 방향과 가치는 '보행자 중심'이다.

걷고 싶은 도시는 교통과 도로 행정, 건강, 안전, 문화, 경제 등 시민들의 도시 생활 전반에 영향을 미친다. 따라서 도시 전체의 통합적 관점에

〈탁월한 건축자이자 도시공학자, 얀 겔〉

서 추진되어야 한다. 오성훈 연구위원은 다양한 노력에도 불구하고 실질적인 보행환경 개선이 되지 않는 것은 보행부문을 하나의 하위정책으로만 여기기 때문이라며 종합적인 접근이 이루어져야 한다고 말한다. 따라서 보행 담당부서만으로는 목표 달성이 어렵기 때문에 보행과 관련된 여러 정책 수행 부서 간에 긴밀한 협조와 조율을 할 수 있는 조직 체계를 마련할 필요가 있다고 한다.(오성훈,《보행도시를 위한 도시 정책》, auri brief 102호, 2014.) 걷고 싶은 도시는 주민과 전문가, 행정이 함께 참여하는 전담기구에서 추진해야만 지속가능성을 담보할 수 있다. 미국 샌프란시스코시는 보행, 자전거, 버스, 지하철, 주차, 카세어링 등 다양한 교통수단들을 통합하기 위한 진담기구를 설치하고 이를 통해 '더 나은 가로를 위한 계획'을 수립해 사람이 중심이 되는 교통정책의 원칙과 우선순위 전환을 시도하고 있다.(건축도시공간연구소,《미국의 보행환경 개선 정책 및 사례》, 2014.)

보행 환경을 개선해야 한다

우리나라 인도에는 노상 적치물, 미사용 전신주와 같이 기능을 상실한 시설물, 지하철 환기구, 쓰레기, 운전 시야를 방해하는 가로수, 돌출된 턱 등으로 거동이 어려우신 분들에게 불편하고 불안하고 불필요한 시설물들이 많다. 사람이 우선이라면서 걷는 데 불편을 주고 위험한 시설물들을 왜 하필 인도에 설치하는지 이해할 수 없다. 사람 중심, 특히 사회적 약자 관점에서 거리를 재편해야 한다. 편리하고 빠르기 때문에 대부분의 사람들이 이동수단으로 자동차를 선택한다. 대중교통을 이용하고 걷는 것이 더 편하고 더 빠르게 이동할 수 있다는 인식을 할 수 있도록 인프라를 개선해야 한다. 이를 위해서는 우선 불필요한 시설물들을 인도에서 '비우고', 가로등·차량신호기·보행신호기 등 무분별한 가로 지주들은 '통합하고', 시민들이 편하게 걸을 수 있도록 인도는 '넓히는' 정책을 추진해야 한다.

걷고 싶은 거리는 다양성이 풍부해야 한다. 단순히 길을 넓히거나 깨끗하다고 걷고 싶은 도시가 되진 않는다. 즐길거리와 볼거리가 많아야 한다. 일과 주거, 놀이를 한 번에 해결할 수 있는 즉, 일터와 삶터, 놀이터가 한 곳에 모여 있는 도시를 말한다. 요즘 주목을 받고 있는 콤팩트시티가 그 일종이다. 《미국 대도시의 죽음과 삶》을 쓴 제인 제이콥스는 도시에서 다양성을 만들기 위해서는 다음 4가지 조건이 필수적이라고 말한다. 첫째, 가능하면 하나보다 다양한 용도가 뒤섞여 있어야 한다. 둘째,

단조로운 긴 블록보다 짧은 블록을 만들어야 한다. 셋째, 오래된 건물과 새 건물이 뒤섞여야 한다. 마지막으로 사람들이 충분히 집중되어 있어야 한다.

이 4가지 조건에 비추어볼 때 우리나라 대부분의 도시는 다양성 측면에서 부족한 점이 많다는 것을 알 수 있다. 나홀로 아파트가 있는가 하면 상가도 먹자골목처럼 음식점만 모여 있다. 산업단지에 가보면 공장들만 있고 식사를 하려면 20~30분 정도 걸어야 하는 곳이 허다하다. 다양성을 고려하지 않은 도시 계획이 가장 큰 원인이다. 이제 단순히 상가만 있는 공간이 아닌 스타트업 기업을 위한 공간, 공예·공방 등 복합문화 공간, 다양한 분야의 사람들이 함께 일할 수 있는 코워킹 스페이스 등 먹거리, 볼거리, 즐길거리가 함께 섞여 있는 공간을 조성할 필요가 있다. 창의적인 생각은 다양성에서 나온다. 걷고 싶은 거리에서 다양성과 창의성이 발현된다. 젊은 인재들은 다양성이 풍부한 도시를 좋아하고 좋은 기업은 인재들이 모인 곳에 둥지를 튼다. 이렇게 걷고 싶은 거리는 도시의 혁신 비즈니스와 접목된다.

거리에 문화와 디자인을 접목해야 한다

라이프스타일이 변하고 있다. 전정환 제주창조경제혁신센터장은 우리 사회가 물질주의에서 탈물질주의 사회로 이동하고 있다고 한다. 탈물질사회는 기존 세대가 중시해온 경쟁과 신분, 성장, 노력보다 개성과 다양성, 연대의 가치를 추구하며 조직에 얽매이지 않고 자유롭게 자신의 삶을 살아가는 사회라고 말한다.(전정환,《밀레니얼의 반격》, 더퀘스트, 2019.) 이를 도시공간에 대입한다면 대량생산과 대량소비를 가능하게 한 자동차 중심 사회에서 다양성이 보장되는 독립된 삶과 문화가 함께 존재하는 걸어다닐 수 있는 사회로의 이동일 것이다. 이런 측면에서 모종린 교수가 "골목상권은 단순히 상품을 소비하는 곳이 아니다. 콘텐츠를 경험하는 '문화지구'다."라는 말에 귀 기울여야 한다.(모종린,《머물고 싶은 동네가 뜬다》, 알키, 2021.) 거리에서 경험할 수 있는 문화라는 것은 꼭 상당한 수준에 도달한 것만 의미하는 것은 아니다. 걷기 편하게 디자인된 길, 편하게 쉴 수 있는 벤치 등 스트리트퍼니처, 작은 도서관과 전시관, 예쁜 카페와 빵집 등 골목상점들이 옹기종기 모여 있는 거리를 말한다. 문화는 토목공사처럼 단기간에 만들어낼 수 없다. 동네사람들과 문화예술인, 골목상인, 행정이 거버넌스를 구성해 꾸준히 가꾸어야 한다.

유현준 교수는 공적 공간이었던 골목길이 주차된 승용차로 인해 사적 공간으로 변형되었다고 지적한다. 시민의 입장에서 보면 더 머물 수 있는 공간이 사라지는 것을 의미한다. 젊은 세대들이 골목길을 찾기 시작했다. 서울 성수동 거리와 경리단길, 수원 행궁동길 등 아파트에서 태어나고 살아온 젊은 세대들은 외부 공간을 경험하기 위해 골목길 상권으로 이동한다.(유현준,《어디서 살 것인가》, 을유문화사, 2018.) 대부분 우리 도시에 있는 골목길, 공터, 심지어 인도까지 자동차로 인해 거대한 주차장으로 변해버렸다.

걷기에 불편할 뿐만 아니라 불안하기까지 하다. 거기에 더해 주차문제로 주민들 사이에 갈등마저 생기고 있다. 수원 행궁동길 등 차 없는 거리 조성사업이 성공한 요인 중 하나는 마을 어귀에 공용주차장 시설을 설치한 것이라고 본다. 매년 도시 정부 가용예산의 몇 %, 아니 단 1%라도 구도심에 있는 공공 공간을 확보하기 위한 토지 매입으로 사용하는 것은 어떨까? 주민들이 필요로 하는 도서관, 공원, 주차장 등에 활용하기 위해서다.

〈출처:행궁마실〉

먹고 살기 어려운 시절 경제성장은 우리에게 희망이었다. 하지만 산업화 과정에서 우리는 얻은 것도 많지만, 잃은 것도 적지 않았다. 걷고 싶은 도시를 만든다는 것은 우리가 직면한 과제를 해결해야 하는 '현실'이자 그동안 놓쳐왔던 소중한 것을 되찾는 '과정이자 희망'이다. 고령화와 저출산 현상으로 인구구조가 급격하게 변하고 있다. 탄소중립이라는 전 지구적 과제와 의무가 우리 앞에 놓여 있다. 시민들은 여유로운 도시생활을 원한다. 기술 발달로 전동 킥보드 등 1인 이동수단이 늘고 있으며 자율자동차가 나온다고 한다. 이처럼 인구, 환경, 라이프스타일, 기술발전 등 사회 전반에 걸친 변화에 대한 대응이 요구되고 있다. 오성훈 위원은 "보행자를 위한 도시를 가꾸는 것은 도시성을 지키는 것이며 도시의 많은 문제를 완화시키는 길이기도 하다."라고 말한다. 걷고 싶은 도시는 우리가 풀어야 할 시대적 과제를 해결하는 최선의 방안이 될 수 있다고 생각한다.

걷는다는 것은 만남이다

정겨운 이웃과 만나고 반려견들과 만나고 동네에 있는 하천과 나무들과 만나고 골목에 있는 작은 가게들과 만난다. 내가 살아가고 있는 우리 동네 삶과 만나고 있는 것이다. 외국 도시들을 다녀보면 정말 걷기 좋다. 안전은 기본이고, 여기저기 편하게 걸터앉아 먹고 쉬기도 한다. 골목골목 다양한 볼거리도 많다. 걸을수록 그 도시가 내게 말을 걸어온다. 다가온다. 몇 년이 지나도 내 마음 속에 기억되어 있다. 내게 살고 싶은 도시,

다시 가보고 싶은 도시를 선택하라면 '걷고 싶은 도시'다. 몇몇 사람이 어떤 목적을 갖고 계획된 '인위적으로 만들어진 도시'가 아니다. 거기서 대대로 살아온 시민들의 발자국과 손길로 이루어진 도시다. 그래서 지속 가능하고 사랑받는 도시가 된다. 걷고 싶은 도시가 우리가 바라는 미래 도시 모습, 넥스트시티다.

2장
생태도시

미세먼지, 고층건물, 회색도시

대표적인 생태도시 사례들

녹색도시가 성장하는 도시다

미세먼지, 고층건물, 회색도시

문득 어릴 적 기억이 떠오른다. 여름철에는 개울가에서 가재도 잡았고 겨울철에는 고드름을 따 먹었다. 얼음이 언 논밭에서 아버지께서 만들어 주신 썰매를 타기도 했다. 처마 밑에 사는 제비가 골목 어귀를 나는 모습을 보며 자라서인지 '흥부와 놀부' 동화도 이해하기 쉬웠다. 유행가 가사에 나오는 '저 푸른 초원 위에서' 신나게 뛰어놀았다. 그래서인지 시간이 나면 집 주변의 있는 산에 올라 신선한 공기를 마음껏 마시며 울창한 푸른 숲길을 걷는 것이 몇 안 되는 취미 중 하나다. 하지만 산 정상에 올라 보면 그리 마음이 편치 않다. 회색도시가 눈에 들어오기 때문이다. 자동차와 고층 아파트가 도시를 장악하고 있다. 숨 쉴 틈 없이 빽빽하게 들어선 건물과 미세먼지로 시야가 가려진 도시. 아침에 일어나면 미세먼지 앱을 실행하는 것이 일상이 된 삶을 살아가고 있다.

공원에 누워 새소리를 들으며 나른한 주말 오후를 보낼 수 있는 도시에 사는 것은 불가능한 꿈일까? 우리 삶과 우리가 살아가는 공간은 왜 이렇게 되어버렸을까? 급격한 산업화와 도시화 진행 과정에서 환경을 도외시하고 성장 위주의 개발정책을 추진해온 결과일 것이다. 사람이 걸을 수 있는 공간보다 자동차를 위한 도로를 우선시했고 하천은 복개해 도로와 주차장으로 만들었다. 집에서 나와 일을 마치고 귀가할 때까지 흙을 한 번도 밟지 않는 경우도 흔하다. 심지어 공원에도 보도블록을 깔아놓은 것이 우리 현실이다.

어떤 도시에 살고 싶은가

저녁 식사 후 아이들과 함께 맑은 물과 물고기가 놀고 있는 호숫가나 하천을 산책할 수 있는 도시. 푸르른 나무와 들꽃들로 둘러싸인 있는 도시. 잔디가 예쁘게 깔린 공원이 있는 도시. 우리가 가보고 살아보고 싶은 외국 생태도시들의 모습이다. 생태도시는 1992년 브라질 리우환경회의 이후 대두된 개념인 〈지속가능한 발전〉을 목표로 제기되었다. 생태도시는 크게 3가지 유형으로 나눌 수 있다.(위키백과, '생태도시')

유형 1. 녹지 및 쾌적한 수계와 다양한 생물이 서식하는 환경을 만들어내고 유지하는 **'생물 다양성 생태도시'**

유형 2. 수질, 대기, 폐기물처리가 환경친화적이며 무공해 에너지를 사용하고 자원을 최대한 절약하고 재사용하는 **'자연순환성 생태도시'**

유형 3. 시민 편의를 최대한 고려하고 건축 및 교통계획과 인구계획이 확립된 **'지속가능한 생태도시'**

대표적인 생태도시 사례들

독일 프라이부르크: 시민의 실천으로 만든 생태도시
(참조: 새만금 개발청 블로그)

독일 남서부에 위치한 프라이부르크는 태양열을 활용한 에너지 정책, 도보와 자전거 이용을 장려하는 친환경 교통정책, 시민의 자발적 참여를 중시하는 환경교육으로 명성이 높은 생태도시다. 프라이부르크가 태양에너지를 사용하게 된 배경은 1970년대 초반부터 시작한 원전반대 운동과 에너지 절약운동으로부터 비롯되었다. 주택은 물론 축구장, 학교 등 다양한 시설에 태양광 패널을 설치해 화석에너지가 아닌 친환경에너지를 사용하도록 했다.

자동차보다 걷기와 자전거 이용을 장려하는 교통정책도 적극적으로 시행하고 있다. 자전거 전용도로를 설치하고 도시 중심부에 자동차 진입 금지 구역을 점진적으로 늘려가고 있다. 시 외곽에 자동차를 주차한 후 트램이나 자전거를 이용해 도심에 진입하도록 유도하는 파크 앤 라이드(Park&Ride) 제도도 도입했다.

〈독일 프라이부르크에 설치된 파크 앤 라이드 표지판〉

더불어 쓰레기 공동처리, 재활용 용지 사용 등 시민들이 환경보존에 대한 높은 자발적 참여와 함께 유치원부터 환경교육을 실시해 온 것이 프라이부르크를 대표적인 생태도시로 만드는 데 가장 큰 역할을 했다.

미국 포틀랜드: 작고 지속가능한 것을 선택한 도시
(참조: '포틀랜드, 내 삶을 바꾸는 도시혁명')

  2013년 기준으로 미국 전체 이산화탄소 배출량은 7% 증가했지만, 포틀랜드만 14% 감소했다. 인구 증가가 있는 상태에서 경제성장을 이룬 미국 여러 도시 중 이산화탄소 배출량을 감소시킨 유일한 도시가 포틀랜드다.

이 도시가 흥미로운 점은 삶의 질 향상을 위해 성장보다 '작은 도시로 유지'하려는 정책을 지속적으로 추진해왔다는 것이다. 자동차 없이는 생활이 불편한 미국 사회에서 도보나 자전거, 대중교통을 이용해 직장에 출퇴근하고, 물건을 사러 장을 볼 수 있는 도시다. 이를 위해 도보 20분 권역에 주거, 상점, 사무실 등 생활에 필요한 핵심 기능이 밀집되어 있는 고밀도 다운타운을 조성했다. 그리고 걷기 편한 인도와 함께 신형 노면 전차인 '라이트레일', 버스와 같은 대중교통 시스템을 정비했다.

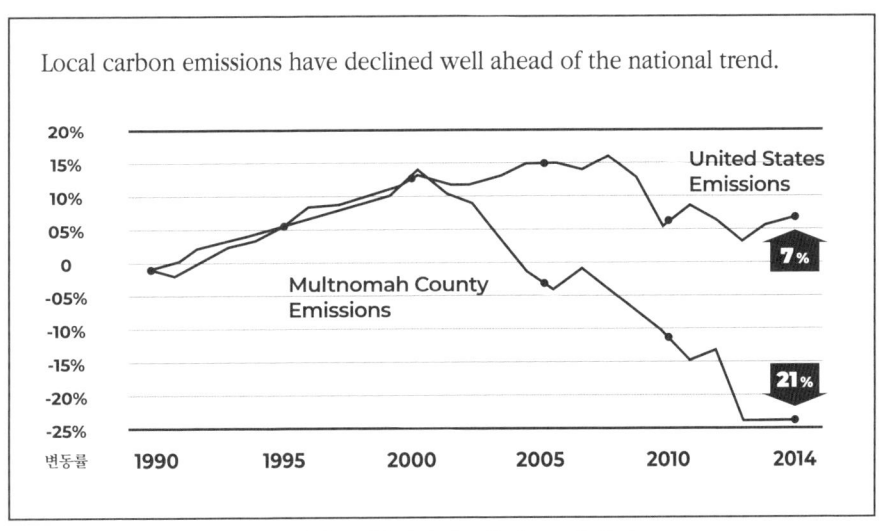

〈이산화탄소 배출량이 감소한 미국 포틀랜드〉

도시 개발에서도 철저히 환경친화적 관점에서 진행한다. 건물과 도로, 상하수도를 설치하는 과정에서 에너지와 물 사용량을 대폭 절감하는 방법을 중시한다. 예를 들면 옥상녹화를 시행하고 빗물을 모아 화장실 물 또는 공원 분수로 재활용한다. 또한, 녹지와 공원 등의 오픈 스페이스를 중시한다. 100년 이상에 걸쳐 공원용 토지를 사들이고 있으며 민간이 건축할 경우 공원 공간을 두 배로 늘리면 건물을 2개 층 더 올릴 수 있게 제도화했다.

포틀랜드 시민들의 라이프스타일은 지역 현지 음식과 자연을 사랑하며 자원절약을 중시한다. 농지와 자연을 지키기 위해 '도시성장 경계선'을 설치했다. 농지를 소유한 농가는 안심하고 농사를 지을 수 있고 시민들은 가격이 조금 비싸도 지역 내에서 생산된 농산물을 소비하며 지역 기업이 만든 제품을 구입한다. 지역에서 선순환 구조가 일어나고 있는 것이다.

브라질 꾸리찌바: 혁신적 발상의 생태도시
(참조: 박용남, '꾸리찌바 에필로그')

브라질 남부에 위치한 꾸리찌바는 개발도상국의 여타 도시와 비슷하게 급격한 공업화와 인구 증가로 환경오염이 심각한 도시였지만 혁신적 발상으로 타임지로부터 '지구에서 환경적으로 가장 올바로 사는 도시'라는 명칭을 얻게 되었다. 여기에는 지속가능한 대중교통 체계를 구축한 것이 큰 역할을 했다. 1970년대 초반부터 버스전용차선(BRT)을 설치하였고, 지하철 건설 대신 굴절버스를 도입했다. 시민들의 편의를 위해 원통형 버스정류장과 급행버스, 직행버스, 지선버스 등을 색상별로 구분한 환승 시스템도 마련했다. 서울시가 도입한 버스 전용 중앙차로(BRT)도 꾸리찌바로부터 벤치마킹한 것이다. 세계적인 규모의 보행자 전용도로를 만들고 연장 100km에 달하는 자전거 도로망도 완비하였다.

꾸리찌바는 '숲의 도시'로도 유명하다. 개발 후 버려진 부지들을 복원해 공원으로 조성하고 홍수 위험이 많은 저지대 지역에 있는 부지를 공원용지로 전환함으로써 1970년대 초 1인당 녹지면적이 0.5평방미터에서 30년 후 52평방미터로 100배 증가했다. 이와 함께 공원을 유지 관리하는 다양한 프로그램을 도입하고 공원과 대중교통 시스템을 연계하는 등 활용도를 높이고 있다.

쓰레기 처리도 혁신적으로 해결하고 있다. 일반 폐기물과 재활용품을 분리수거하는 '쓰레기 아닌 쓰레기' 프로그램과 저소득층이 살고 있는 지역을 중심으로 주민들이 모아온 재활용 쓰레기를 채소와 달걀 등으로 교환해주는 '쓰레기 구매' 프로그램을 실시하고 있다. 경제적 유인 동기를 활용해 복지와 위생, 환경 정책과 교육 등 도시가 해결해야 할 여러 목적을 달성하고 있는 것이다.

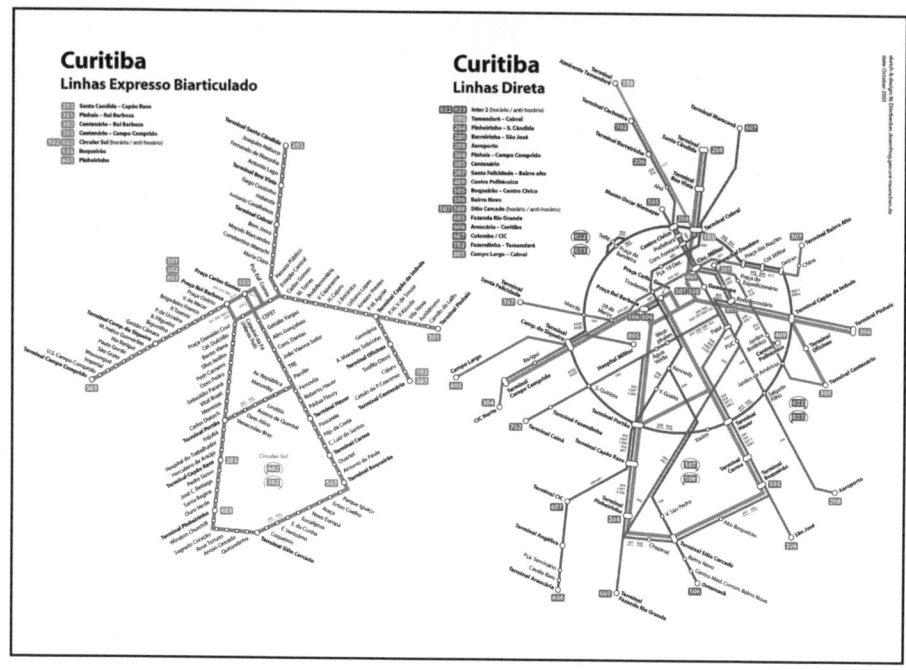

〈그물망처럼 촘촘한 꾸리찌바의 대중교통 지도〉

녹색도시가 성장하는 도시다

생태도시들은 그 도시가 갖고 있는 환경적 요소와 도시가 형성되어온 배경에 따라 다양한 모습으로 나타나지만 자세히 보면 생태도시로 자리매김할 수 있는 공통 분모를 갖고 있다. 무엇보다 사람의 가치를 우선한다는 것이다. 교통정책을 보면 자동차 중심에서 자전거와 사람이 걸을 수 있도록 정책 방향을 전환하고 있다. 두 번째로 생활용품 재활용률을 높이고 공원과 숲 등 녹지공간을 지속적으로 확대해 나가고 있다. 지속가능한 생태도시 시스템을 만들고 있다. 마지막으로 시민과 전문가, 행정이 나아갈 방향을 공유하고 함께 행동한다는 점이다. 특히 원래부터 좋은 자연조건을 가진 도시들이 아닌 산업화와 도시화 과정에서 생긴 문제점들을 극복하는 과정에서 탄생했다는 점에서 우리에게 시사하는 바가 크다.

우리 현실은 어떤가? 아직도 생태 분야는 정책과 예산 배정 우선순위에서 밀리고 있다. 전 지구적, 전 도시적으로 생각하는 것이 아니라 아직도 단일사업별, 분야별 대책에 매달리는 실정이다. 지방선거에서 보면 40만 도시 시장후보는 50만 도시를, 80만 도시 후보자는 100만 도시를 만들겠다는 것이 가장 중요한 공약 중 하나가 되고 있다. 하지만 세계 생태도시를 이끄는 리더들은 개발과 성장을 넘어 질적인 삶을 시민들에게 보장하겠다는 모습에서 차원이 다르다.

생태도시로 나아가기 위해서는 자연과 사람이 조화되는 가치를 지향하면서 실천하는 시민들이 주도적인 역할을 수행해야 한다. 구체적으로 에너지를 덜 쓰는 시스템을 만들어야 하며 쓸 경우 최대한 재활용해야 하고 가능하면 도심 속 생태 공간을 더 확보해가야 한다. 무엇보다 덜 쓰는 시스템을 만들기 위해서는 에너지 사용을 최소화하는 도시 시스템을 구축하고 이에 적합한 생활방식에 익숙해야 한다. 쓰고 싶은 대로 쓰면 생태도시는 이루어질 수 없다.

한겨울인 1월 핀란드를 방문했다. 호텔에 여장을 풀고 나니 실내가 다소 추운 듯해 온도를 조금 높이려고 리모콘을 찾으니 없었다. 알고보니 모든 실내 온도가 19°로 맞춰져 있단다. 추우면 옷을 껴입으라는 말이다. 에너지 절약이 생활화된 도시다웠다. 다소 불편하더라도 덜 쓰는 사회 시스템과 개인 생활방식을 갖추지 않으면 생태도시는 구호에 지나지 않을 것이다.

자동차 중심의 교통·도로 시스템에서 벗어나 걷거나 자전거 타는 것이 편한 도시를 만들어야 한다. 보행자와 자전거 다니는 길을 넓히고 차 없는 거리 등을 확대해 에너지를 사용하지 않고도 생활할 수 있는 사회 시스템을 만들어가야 한다. 버스 전용차로와 환승제도 등 대중교통 이용도 빠르고 편리하도록 해야 한다. 최근 붐이 일고 있는 전동 킥보드 등 퍼스널 모빌리티와 우버와 같은 공유 모빌리티 사업도 생태도시로 가는 길에 도움이 될 수 있다.

에코시티(ecocity)라는 용어를 처음 만든 리처드 레지스터는 "에코시티의 기본 개념은 에너지 수요를 줄여 나가는 것"이라며 "고대도시처럼 한정된 구역 내에 다양한 시설을 밀집시켜 자동차 없이도 도시 전체를 돌아다닐 수 있도록 보행자를 위한 도시를 만들고 도시 외곽은 숲과 드넓은 들판이 펼쳐지는 자연공간으로 형성해야 한다."라고 말한다.

재활용률도 더 높여야 한다. 사용자 편의를 위해 1회용 용기를 지나치게 많이 이용하고 있다. 특히 1인 가구가 늘고 모바일 세대가 증가함에 따라 환경파괴 주범인 1회용 플라스틱 물품 사용이 크게 늘 것이다. 2015년 기준 우리나라 1인당 플라스틱 소비량은 132.7톤으로 부끄럽지만 세계 1위다. 미국 93.8톤, 일본 65.8톤보다 훨씬 높다. 1회용 제품 사용을 제한하는 한편, 브라질 꾸리찌바에서 시도한 '쓰레기 아닌 쓰레기' 프로그램처럼 버리는 물건을 재활용하는 다양한 방안을 강구해야 한다. 지금 시행하고 있는 쓰레기 분리 수거율부터 더 높여야 한다. 자신에게는 불필요하지만 다른 사람이 사용할 수 있는 물품들은 나눠 쓰는 시스템이 요구된다. 요즘 동네별로 중고물품을 사고팔거나 나눠 쓸 수 있는 '당근마켓'과 같은 민간 플랫폼도 재활용에 큰 역할을 하고 있다.

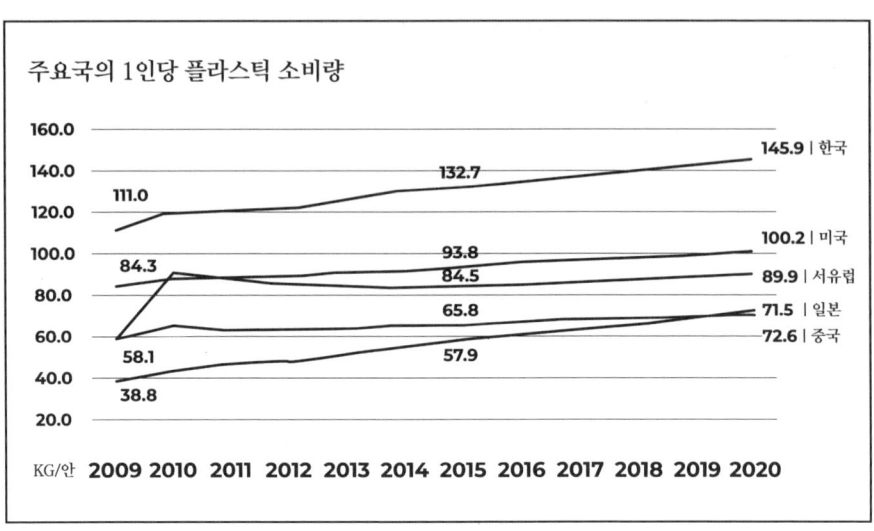

〈출처: 연합뉴스 / 자료: 해양수산개발원〉

　생태공간을 넓히고 도시를 더 맑고 푸르게 해야 한다. 앞에서 살펴본 생태도시들은 모두 다 자전거를 타거나 걸을 수 있는 시설을 늘리고 있으며 공원과 숲 등 생태공간을 넓히는 방향으로 가고 있다. 하지만 생태도시를 만든다는 우리나라 도시 행정을 유심히 살펴보면 거꾸로 가는 모습들을 많이 볼 수 있다. 인도를 줄여 자전거 도로와 차도를 만들고 있으며 도심 내 짜투리 땅만 있으면 주차장을 만들고 규모가 제법 되는 땅이 나타나면 아파트를 짓는다. 여전히 자동차 중심 사회이며 개발 위주 사회라는 것을 보여주고 있다. 지금부터라도 도심에서 나오는 유휴 토지가 있으면 공원과 도시 텃밭 등 생태공간을 늘려나감으로써 삶의 질을 높여야 한다. 포틀랜드가 100년에 걸쳐 시민들을 위한 공공용지를 확보하듯이 우리 도시 정부도 유휴공간이 나오면 지속적으로 공공 공간을 확보해

나가는 것을 적극적으로 고려해야 한다. 또한, 건물 옥상과 같이 활용할 수 있는 민간 공간을 옥상 공원 또는 텃밭으로 조성하도록 지원하는 것도 한 방법이다.

지금까지 생태 또는 환경과 관련해 비용 측면을 지나치게 강조한 경향이 있다

경제학적 관점에서 부정적 효과만 부각시킨 것이었다. 삶의 질을 중시하는 차원에서 보면 긍정적 효과가 부정적 측면을 상쇄하고도 남는다. 거기에 더해 생태를 바라보는 관점이 바뀌고 있다. 생태를 단순히 지켜야 한다는 수동적 관점을 넘어 적극 활용할 경우 생태와 경제는 상호보완 관계가 될 수 있다. 도시농업을 예로 들어보겠다. 도심에서 유기농법 또는 자연농법으로 농사를 지을 경우, 생물다양성 증진은 물론 미세먼지와 도심 열섬현상 완화 등 환경에 도움을 준다. 유기농 직거래 장터 등 마켓을 열어 일자리를 창출하는 한편 도심 관광 활성화 등 경제적 효과를 끌어낼 수 있다.

유기농 농산물 재배는 신선한 먹거리를 통해 패스트푸드에 길들여진 도시민들의 건강 향상에도 기여한다. 특히 아토피 등으로 고생하는 아이들의 면역력 회복에 도움이 될 것이다. 우리나라는 산이 차지하는 비율이 전 국토의 63.2%(2015년 기준)에 이르고 있다. OECD 국가 중 핀란드(73.1%), 일본, 스웨덴에 이어 4위를 기록하고 있다. 소중한 자산임에도 평지에 비해 산이 너무 많아 활용할 땅이 부족하다고 아쉬워하며 살아온 측면이 강하다. 이러한 관점도 바꾸어야 한다. 숲과 산을 잘 활용한다면 이것도 역시 건강과 일자리를 만들 수 있는 소중한 자원이다. 산림청에 의하면 온실가스 흡수, 대기질 개선, 토사 유출방지, 산림경관과 휴양 기능 등 산림의 공익적 가치는 2018년 기준 221조원에 달한다고 한다. 국민 1인당 428만 원의 혜택을 산으로부터 받고 있는 것이다. 도시에 거주하는 비율이 90%를 넘는다. 산을 어떻게 가꾸고 활용하느냐에 따라 우리 미래가 걸려 있다. 아이들을 위한 생태놀이터와 숲 체험 등 환경교육의 장으로 만들어 미래 세대들이 함께 살아가는 방안을 강구해야 한다.

생태도시를 지향하지만 아직도 우리 사회는 산업화 유산과 대량소비 사회의 그늘에서 벗어나지 못하고 있다. 단적으로 말해 하드웨어 중심적 사고, 일회성 성과주의 행정체계, 한 번 쓰고 버리는 소비지향적 라이프 스타일이 그것이다. 생태도시는 개발시대 행정처럼 몇 가지 대형 사업으로 단기간에 달성될 수 있는 프로젝트 개념과 거리가 멀다. 많은 도시에서 실패한 이유이기도 하다. 생태도시는 우리가 꾸준히 추구해야 할 목표이자 과정인 것이다. 따라서 생태적으로 지속가능한 사회를 만들기 위해서는 시민들의 능동적이고 적극적인 역할이 요구된다. 플라스틱 등 1회용 물품의 최종사용자이자, 그로 인해 직접적 피해를 받는 것도 시민들이기 때문이다.

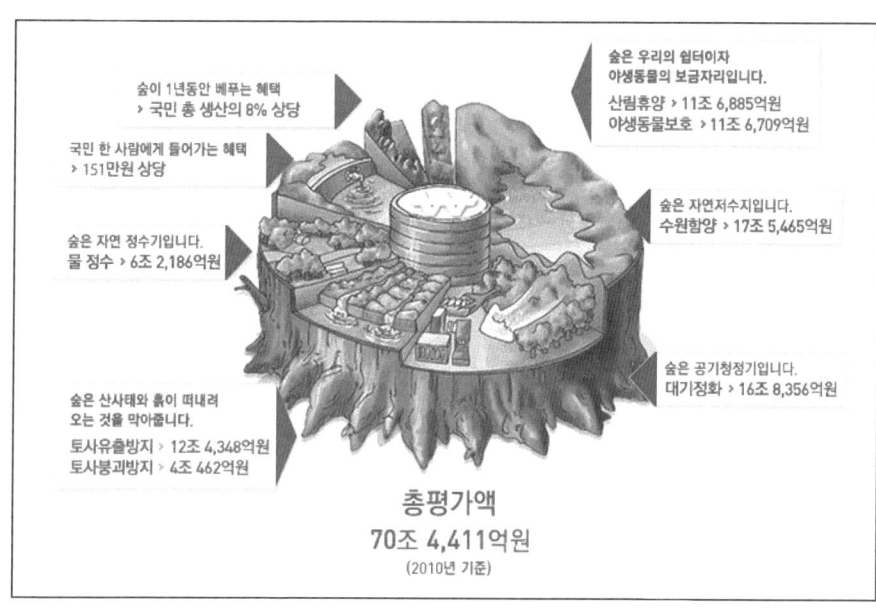

〈출처: 산림청〉

　미세먼지와 오염된 수질 등 파괴된 환경은 우리 모두의 편의주의적 발상에서 비롯된 결과다. 생태도시는 기존 개발중심 사회와 같이 하드웨어를 만들면 우리 삶이 따라갈 수밖에 없는 수동적 사회가 아니다. 자연과 인간의 조화 관점에서 시민들의 삶의 질을 향상시키는 생활방식을 정립하면 하드웨어가 따라오는 능동적인 사회다. 따라서 생태적 삶을 살고 싶다면 대량생산과 대량소비에 익숙해진 우리의 라이프스타일을 바꾸어야 한다. 그리고 환경분야 개선에 국한할 것이 아니라 도시 전체적인 차원에서 이루어질 때 성공 가능성이 커진다. 환경과 교통, 도시농업과 경제 등 여러 분야를 유기적으로 연계해야 하는 이유다. 생태도시로 인정받는 도시들의 정책은 지속적이고 포괄적이며 실천적이다.

3만 달러 시대가 도래했다. 삶의 질이 중요해지기 시작했다. 혁신기술들도 빠르게 등장하고 있다. 소유의 시대에서 공유의 시대로 전환되고 있다. '절약'이라는 단순히 물자를 아끼는 차원을 넘어 도시의 건강, 자연과의 조화, 지속가능한 사회 등 삶의 방식과 사회가 추구하는 기준들이 바뀌고 있다. 프라이부르크를 세계에서 가장 친환경적인 생태도시로 만든 베른트 달만 유럽환경재단 이사장은 '녹색도시가 성장하는 도시'라며 "녹색도시에는 인재가 몰려들게 마련"이라고 말한다. 생태도시가 바로 살고 싶은 도시라는 말이다.

우리 아이들은 훗날 어렸을 때 뛰놀던 도시의 공간을 어떻게 기억할까? 다음 세대의 주인인 아이들을 위한 생태도시가 넥스트시티다.

3장
디자인도시

디자인의 목적은 안전하고 품격 있는 도시다

디자인은 삶에 대한 철학의 영역이다

시민들이 살기 좋은 디자인 도시를 만드는 방법

디자인의 목적은
안전하고 품격있는 도시다

유럽에는 매력적인 도시들이 많다

유럽 도시들을 다녀보면 걷고 싶고 머물고 싶고 때로는 살고 싶어지는 유혹에 빠진다. 우리나라 도시들과의 차이는 어디서 오는 걸까 생각해보았다. 여러 가지 이유가 있겠지만 가장 큰 점은 유럽의 도시들은 사람들이 살기 좋은 도시로 디자인되어 있다는 것이다. 도시(공공) 디자인이 필요한 이유는 '아름다운 환경을 제공해 심미적 만족도를 높여주거나 지역의 브랜드 이미지를 구축하고 도시경쟁력을 향상시켜 경제적 가치를 창출하는 것'이다.(윤지영, 《도시디자인 공공디자인》, 미세움, 2016.) 도시 디자인의 가장 기본적인 역할은 시민들이 안전하고 편리하게 살아가는 도시를 만드는 것이다.

〈세계 주요 도시들의 브랜드〉

하지만 우리 사회는 적지 않은 사람들이 디자인을 오해하고 있다. 디자인은 '대상물을 예쁘게 만드는 것이다. 돈이 많이 든다. 무엇을 더하는 것이다. 하드웨어를 개선하는 것이다.'라고 생각한다는 점이다. 물론 틀린 말은 아니지만 단편적인 견해다. 하나씩 살펴보자. 우선 도시(공공) 디자인은 대상물을 예쁘게 하는 것보다 사람들이 안전하고 편리하게 이용하는 것을 중요하게 여긴다. 서정렬 교수는 도시 공공 디자인에 대해 "디자인은 도시를 보기 좋거나 예쁘게 만드는 수단이 아니다. 특정 도시의 시민과 방문객들이 일상으로서 도시 생활을 영위하거나 도시를 관광할 때 좀 더 편리하게 만들어 주는 공적 수단이자 행위다."라고 정의한다.(서정렬,《도시 공공 디자인》, 커뮤니케이션북스, 2016.)

디자인은 '돈'을 쓰기 위한 것이 아니라 돈을 '절약'하기 위한 것이다. 겨울철이 다가오면 멀쩡해 보이는 보도블록을 교체하는 것을 본 적이 있을 것이다. 이처럼 지출하지 않아도 될 돈을 절약해 더 나은 도시, 지속 가능한 도시를 만드는 데 쓰기 위해서다. 사람들은 디자인에 대해 무엇인가를 더해야 한다는 강박관념을 가진 것 같다. 무엇을 추가해 나아지는 경우도 있지만 도시 디자인의 대부분은 불필요한 부분을 버릴 때, 즉 '뺄 때' 도시의 가치가 증가하는 경우가 더 많다. 또한, 하드웨어를 개선하는 것보다 훨씬 중요하게 생각하는 것은 공공 서비스를 개선하는 소프트웨어적 측면이다. 디자인 사고(Design Thinking), 즉 관점을 전환하는 것이다. 마지막으로 디자인에 대한 오해보다 더 심각한 것은 디자인에 대한 이해와 관심 부족이다.

디자인의 목적은 안전하고 편리하며 품격있는 도시를 만드는 것이다

존 라이크만 교수는 "도시 디자인이라고 하면 뭔가 대단한 건축물을 짓는 걸로만 생각하는데 가장 중요한 것은 시민들의 불편함을 해소하는 것이다. 출퇴근할 때 차가 덜 막히고 어디서나 전파가 잘 잡히고 주말이면 좋은 전시를 볼 수 있는 박물관이나 미술관이 많다면 그 도시는 디자인적으로 충분히 훌륭한 도시라고 할 수 있다. 버스를 예쁘게 꾸미고 거리를 장식하는 것은 그 다음 문제다"라고 말한다.(이경훈,《지상 최고 난이도의 프로젝트 도시 디자인》, LUXURY, 2011.) 존 라이크만 교수도 역시 도시 디자인을 시민들에게 안전하고 편리하며 품격 있는 도시를 만들어주는 중요한 수단이라고 본 것이다.

그렇다면 디자인 관점에서 우리가 살고 있는 도시의 모습은 어떤가? 최근 디자인에 대해 많은 도시들이 관심을 갖고 있고 이전과 달리 개선된 모습도 보인다. 다만, 디자인과 관련해 우리 도시의 평균적인 모습은 아직도 개선할 점이 많다. 정책 우선순위에 대한 치열한 반성이 필요하다. 집 밖으로 나가자마자 우리는 위험스러운 상황에 직면한다. 특히 아이들과 같은 사회적 약자에게는 더 그렇다. 도로와 교통 시스템이 사람보다 자동차가 우선시 되는 구조로 되어 있기 때문이다. 버스 등 대중교통이 그 다음 위치를 차지한다. 사람은 자전거보다 못한 마지막에 고려되는 대상으로 전락했다. 자동차를 위해 열심히 도로를 건설하지만 보행자 도로가 없는 경우가 적지 않다. 그나마 있는 보행자 도로도 두 명이 이야기하면서 걸을 수 없는 경우가 흔하다. 그마저도 울퉁불퉁하고 움푹 파인 곳이 많아 다치기 십상이다. 차도의 부속물인 신호등 관련 교통 시설물과 이정표 등 갖가지 시설물들도 인도에 설치된다. 선진국은 자전거 도로를 만들 경우 자동차 도로를 줄이는 반면, 우리나라 대부분의 도시들은 사람이 다니는 길을 줄여 자전거 도로를 만든다. 거기에 오토바이가 질주하고 요즘은 전동 바이크마저 인도를 점령하고 있다.

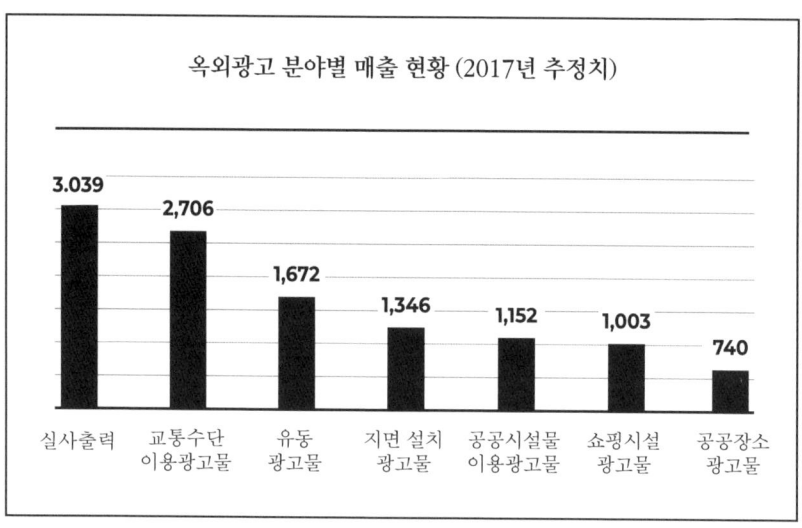

〈자료: 한국지방재정공제회, 옥외광고 통계〉

건물마다 덕지덕지 붙어 있는 간판을 볼 때마다 정말 어지럽다. 미관도 해치지만 태풍이 올 경우 흉기로 돌변해 안전의 위험요인으로 등장한다. 한 건물에 수십 개 간판이 걸려 있다. 바로 이웃 상점보다 하나라도 더 걸려고 경쟁하고 있다. 이웃과 협력하기보다 이기겠다는 일념이

엿보여 씁쓸하다. 거기에 소통과 배려, 협력의 모습은 보이지 않는다. 서로 배려할 때 더 많은 이익을 가져올 수 있는데, 그런 게 안 보이는 모양이다. 더 적게 한두 개씩만 간판을 걸 경우 간판에 드는 비용도 절감하고 더 잘 보일 수 있을 텐데 하는 아쉬움에 항상 쳐다보게 된다. 플래카드와 광고용 전단지, 명함 등을 보자. 여기저기 불법 플래카드가 걸려 있다. 보기도 싫지만 거리에 걸린 플래카드는 시민들의 시야를 가려 위험하며 훼손되어 바람에 날릴 경우 다칠 위험도 있다. 전단지와 명함은 바닥에 지저분하게 널려 있다. 아이들 보기에도 민망한 광고도 많다. 누구를 위한 거리인지 알 수가 없을 지경이다.

디자인은 삶에 대한 철학의 영역이다

공공 디자인에 대한 철학이 부족하다

 공공건물이나 공간들을 살펴보자. '어디서 살 것인가'를 쓴 유현준 교수는 "학교 건축은 교도소다"라고 일갈한다. 두 건축물 모두 획일적이고 폐쇄적이며 전체주의적 공간 구조를 지니고 있기 때문이라고 한다. 이처럼 대부분 공공 건축물은 권위적이며 소통에 관심이 없어 보인다. 시청에 가보면 시민들이 앉아 있을 의자도 턱없이 부족하다. 시민을 위해 존재하는 건축물 공간구조 자체가 아직도 시혜적이며 공급자 중심으로 이루어져 있기 때문이다. 한 도시에 가로등, 안전펜스 등 공공시설물 형태를 살펴보면 제각각이다. 그렇게 된 데는 도시공사, LH, 한국수자원공사 등 각 사업시행자들이 도시가 추구하는 디자인 방향을 고려하지 않고 자신들의 편의대로 자체 주문한 시설물을 설치했기 때문이다.

〈출처: KBS〉

〈출처: 오마이뉴스〉

　게다가 가로등, 교통신호등, 전봇대, 통신지주 등 각종 지주가 개별로 설치되어 있어 보기에도 흉하지만 시민의 안전에도 위협을 주고 있다. 이것도 역시 각 부서 또는 공공기관이 협의하지 않고 공급자 편의적으로 업무를 처리하는 관행 때문이다. 공공기관 사무실을 보자. 협업과 소통이 중요한 지식정보화 시대라고 말하면서 아직도 공무원 등 공공서비스를 제공하는 사람들은 산업화 시대 가치인 능률과 분업화에 적합한 구조인 칸막이 속에서 일하고 있다. 근무환경 실상이 이러니 아직도 부서별 또는 부처별 칸막이 행정을 할 수밖에 없는 구조가 아닌가 하는 생각이 든다. 이런 현상이 발생하는 것은 도시와 공공 서비스에 대한 철학과 성찰 부족 때문이다. 시민의 안전과 편리함, 삶의 질 관점보다 아직도 경제적 성장 위주의 도시개발에 우선순위를 두고 있다. 시민의 관점보다 공급자 편의 위주의 업무를 처리하는 관행도 여전하다. 여기에 디자인에 대한 관심과 이해가 부족한 점도 한몫했을 것이다.

도시 디자인이 추구해야 할 가치는 무엇인가?

관점에 따라 다르겠지만 '배려', '절제와 조화', '생태', '혁신', '공공성과 시민참여'의 가치가 가장 중요하다고 생각한다. 먼저 아이들, 어르신, 장애인 등 사회적 약자들이 편리하고 안전하게 도시에서 생활할 수 있도록 각종 공공인프라를 '배려'하는 것이다. 두 번째로 '과유불급'이라는 말도 있듯이 디자인도 과하면 안 한 것보다 못하다. '절제와 조화'가 중요하다. 세 번째로 디자인은 불필요하고 낡은 생각과 관행을 깨고 '혁신'적인 방식으로 도시를 좀 더 나은 방향으로 변화시키는 것이다. 네 번째로 도시의 지속가능한 발전을 위해 환경을 보호하고 에너지를 최소한 사용하는 '생태적' 관점이 요구된다. 마지막으로 모든 것의 전제가 되는 '공공성' 회복이다. 모든 정책과 마찬가지로 도시 디자인도 시민들과 전문가들의 '참여'가 정말 중요하다. 아무리 좋아 보이는 디자인도 살고 있는 주민들의 참여와 관심이 없으면 지속가능하지 못하기 때문이다. 서정렬 교수는 공공성에 대해 "앞세우는 공공, 따라올 것을 강요하는 공공성이 아니라 시민에 의한, 시민을 위한, 시민의 공공성이어야 한다."라며, 도시 공공 디자인도 "사용하는 시민들에 의해 만들어져야 하며 이용하는 시민들이 편해야 하고 해당 지역의 정체성을 담고 있어 해당 지역에 사는 시민의 자랑스러운 표상이어야 한다."라고 말한다.(서정렬,《도시 공공 디자인》, 커뮤니케이션북스, 2016.)

〈주민들과 함께 만드는 도시 디자인의 사례〉

도시 디자인은 그 자체가 목적이 아니다

디자인은 살고 싶은 도시 또는 각종 사회문제의 본질을 파악해 시민의 관점에서 해결을 하는 창의적 과정 또는 수단이다. 예를 들어 사회, 경제, 문화 등 여러 요인들이 복잡하게 얽힌 저출산, 고령화와 관련된 사회 문제들을 기존 방식대로 출산지원금과 고령연금 등 주로 경제적 관점으로만 바라보면 온전히 해결되기 쉽지 않다. 행정 수요자인 젊은 세대와 고령자의 관점에서 종합적인 서비스 디자인 차원에서 접근해야 한다는 말이다.

시민들이 살기 좋은 디자인 도시를 만드는 방법

모든 도시 정책과 시설물을 만들 때 사람과 생태 중심의 디자인 철학에 기반을 두어야 한다

앞에서 문제점으로 언급했던 것처럼 기존 도로와 교통 정책은 자동차 중심적 사고에 기초하고 있다. 자동차 정체현상을 개선하기 위해 도로를 넓히고 주차장을 증설하는 식이다. 이런 접근 방식으로는 더 이상 현재의 도시 문제를 해결할 수 없다. 자동차 보유대수만 증가시킬 뿐이다. 이제 과감히 차도를 줄이고 대중교통과 자전거 특히 사람들이 걷기에 필요한 시설을 늘리는 방향으로 전환해야 한다. 자동차 〉 대중교통 〉 자전거 〉 사람 순에서 사람 〉 자전거 〉 대중교통 〉 자동차 순으로 정책의 우선순위를 바꾸어야 한다. 도로와 교통 문제는 자동차 정체 문제로만 국한되지 않는다. 미세먼지 등 환경과 에너지, 건강 등 도시 문제 전반과 관련이 있다. 인간과 자연의 조화를 고려한 정책이 필요한 이유다.

시민 스스로 디자인 역량을 갖출 수 있는 여건을 조성해야 한다

우리가 직면하고 있는 사회는 예측하기 힘들 정도로 변화 속도가 빠르며 이전 사회보다 불확실성이 증가하고 있다. 또한, 한 가지 사안만으로 해결되기보다 여러 문제들이 복잡하게 연결되어 개인이나 조직 모두에게 창의적이고 융합적인 접근 방식이 요구되는 사회로 들어서고 있다. 디자인이 추구하는 목적 중 하나가 우리가 살고 있는 현재의 모습을 더 나은 개인의 삶과 사회를 만들어가는 것이라고 할 때 도시의 주인인 시민들에게 사회 문제를 주체적이며 창의적으로 해결할 수 있는 디자인 사고가 요구된다. 이석현 교수가 말하는 바와 같이 "커뮤니티 디자인은 우리가 우리 마을의, 도시의, 공간의 주인이 되는 방법 또는 생각"이기 때문이다.(이석현, 《커뮤니티 디자인》, 미세움, 2014.) 이를 위해 도시는 평생학습 차원에서 시민 누구나 배울 수 있는 '디자인 스쿨'을 만들 필요가 있다. 학교라고 하니 하드웨어를 먼저 떠올리기 쉬운데, 학교 건물을 짓자는 것이 아니라 소프트웨어 방식으로 프로그램 중심의 디자인 스쿨을 만들자는 것이다. 각종 도시문제를 디자인 관점에서 해결하기 위해서다. 예를 들면, 버스정류장의 지나가는 행인을 배려하기 위해 버스를 기다리는 줄 중간에 행인이 지나갈 수 있는 자리를 비워놓는 괄호라인 캠페인과 뒷사람을 위해 문 잡아주기 캠페인 등을 실행한 LOUD 프로젝트[1] 와 같이 공동체를 위한 작은 실천에서 출발해 더 나은 사회로 나아가자는 말이다.

---

1 LOUD 프로젝트(Look Over society Upgrade Daily life)
일상 속에서 발견한 문제를 새로운 아이디어를 통해 해결하자는 캠페인

⟨LOUD 프로젝트⟩

**복잡하게 얽힌 사회문제를 창의적이며 섬세하게 해결하기 위해서는
행정에도 디자인이 담당할 역할과 부서를 확장해야 한다**

가케이 유스케는 "행정만큼 디자인의 힘을 필요로 하는 곳은 없을 것"이라고 말한다.(issue + design project, 《디자인이 지역을 바꾼다》, 미세움, 2014.) 현재도 우리나라의 많은 도시들이 디자인 부서를 두고 있다. 그러나 리더와 조직이 디자인 부서에 대한 이해 부족으로 대부분 제한된 역할만 수행하고 있는 현실이다. 디자인 부서는 단순히 시설물 또는 홍보물을 예쁘게 만드는 부서가 아니다. '정책을 디자인'하는 부서로 역할이 확장되어야 한다. 나아가 도시개발과 교통, 도로 등 업무를 총괄 조정하는 한 축을 담당해야 한다. 이를 위해서는 민간 기업에서 시행하고 있는 CDO(Chief Design Officer) 제도 도입도 검토할 필요가 있다. 디자인 전문가를 영입해 도시 내 주요 핵심 현안에 대해 혁신적인 관점

이 적용되도록 자문하는 제도가 필요하다. 기존 행정은 정해진 규정과 절차에 따라 관행으로 축적되어온 경험으로 문제를 해결하는 경향이 강하다. 안정적인 행정서비스를 제공하기 위해 필요한 측면도 있지만 사회 환경이 빠르게 변화하는 현실에서 이전에 경험해보지 못한 문제들을 선도적으로 해결하기에는 한계가 있다. 요코하마시는 도쿄의 베드타운으로 전락할 수 있다는 위기감에 1960년 일본 최초로 시청 내에 도시디자인팀을 만들어 세계적으로 성공한 디자인 도시로 태어나 시민들의 삶에 대한 만족도를 높였다.(이성호,《도시디자인의 핵심과 과제》, Jeju Development FORUM.)

각종 공문서 서식도 행정 편의주의적 접근 방식에서 벗어나야 한다

은행에 가보면 기본적인 자료는 은행 측에서 제공하고 고객들에게는 필요한 최소한의 정보만 요구한다. 대출을 받을 때는 빈칸을 채우고 사인 몇 번으로 쉽게 끝난다. 시간도 절약되고 편리하다. 게다가 종이 문서를 출력하지 않고도 업무를 볼 수 있다. 환경친화적이다. 반면, 주민센터에 가 업무를 보면 주소 등 기본적인 사항마저 매번 시민들이 작성해야 한다. 행정은 아직도 종이서류 시대에 살고 있다. 시간 낭비는 물론 자원낭비가 심각하다. 우리는 빅데이터와 클라우드로 상징되는 4차 산업혁명 시대에 살고 있다. 전기요금 고지서를 리디자인해 보기에도 편하고 에너지 절감까지 한 사례가 있다. 서식 디자인을 통해 일종의 넛지 효과를 본 것이다. 간단한 서식만 바꾸어도 시민들의 수고를 덜어주고 행정은 당초 목적 이상을 달성할 수 있다. 주민센터에 가 출생신고를 해본 경험이 있다면 느낄 것이다. 서류 작성하기가 쉽지 않다. 저출산 시대다. 아이를 낳으면 1억 원을 주겠다는 지역도 생기고 있다. 그것도 좋지만 출생신고를 받으러 공무원이 직접 아이가 태어난 집으로 방문하는 것이 감동을 주는 커뮤니티 디자인이라고 생각해본다.

〈출처: 충북교육청〉

디자인 도시를 만들기 위해서는 공공 공간을 비우는 일부터 해야 한다

거리를 걷다보면 불필요한 시설물과 적치물들이 너무 많다. 인근 상가들이 인도에 물건을 쌓아둔 것도 자주 본다. 도시 미관을 위해 무엇을 설치할까 고민하지 말고 위험하고 불편을 주는 시설물과 적치물을 비우는 일부터 시작하자. 가로등, 신호등, 이정표, 전봇대, 볼라드 등 교통안전을 위해 설치된 시설물들이 오히려 안전과 보행에 불편을 주는 경우가 많다. 가능한 선에서 통합해야 한다. 대부분 각 시설물을 담당하는 부서 또는 부처가 협의하면 해결될 문제이지만 행정 편의적 또는 칸막이 행정으로 인해 발생하는 일들이다. 이런 차원에서 앞에서 언급한 바와 같이 디자인 부서가 총괄 조정하는 역할을 담당해야 한다. 적지 않은 예산도 절감할 수 있다. 이렇게 해 비워진 공간은 편안하고 쾌적한 공간으로 탈바꿈시켜야 한다.

거리를 걷다보면 쉴 곳이 마땅치 않다. 걸어다니기에도 비좁은 공간이어서 벤치 등의 편의시설을 찾아보기도 어렵다. 벤치, 버스셸터, 가로등, 가두판매대 등 도로 시설물은 그 도시의 이미지를 좌우한다. 이제 공공 시설물들을 단순히 도로에 부수적으로 설치된 시설물이라는 개념을 뛰어넘어 시민들에게 편리함과 안락함은 물론 심미적 아름다움을 제공하는 거리의 가구(street furniture)라는 인식으로 승화시켜야 한다. 유럽 도시에 가보면 족히 수백 년은 되었을 가로등, 보도블록, 볼라드, 다리 등 공공 시설물을 아직도 쓰고 있는 것을 볼 수 있다. 아름다운 디자인을 겸비했기에 수백 년을 견뎌낼 수 있었을 것이다. 그것들은 시간의 흐름에 문화라는 타이틀이 더해져 도시의 상징이 되어간다. 반면 우리의 공공 시설물 중 적지 않은 수가 수십 년은 고사하고 불과 수 년만에 폐기 처분되기 일쑤다. 어느 도시에서는 상징이 되고 어느 도시에서는 흉물이 된다.

중소기업을 지원하는 디자인 센터를 두어 디자인 기업도시를 만들어야 한다

 디자인이 경쟁력인 시대다. 4차 산업혁명은 제조업과 디자인, ICT가 만나는 지점에서 일어난다. 우리 중소기업의 경쟁력이 떨어지는 가장 중요한 요소 중 하나는 디자인 분야라고 본다. 중소기업들 대부분 디자인의 중요성은 인식하고 있지만 디자인 역량을 제대로 갖춘 기업은 드문 것이 현실이다. 시화 반월산업단지에 있는 중소기업들을 여러 번 방문할 기회가 있었다. 디자인 부분만 보완된다면 더 잘 팔릴 수 있는 제품이 많았다. 방문할 때마다 항상 아쉬웠던 점이다. 중소기업이 강소기업으로 성장하기 위해서는 디자인 혁신이 반드시 필요하다. 좋은 일자리는 좋은 기업이 있을 때 가능한 것이다. 이제 도시들도 기업지원 부서 내에 디자인 센터를 두거나 디자인 기업들과 협업을 통해 스타트업과 중소기업을 지원해야 한다.

성장과 저성장의 시대를 넘어 성숙의 시대로 나아가야 한다

지금까지 우리는 성장의 시대를 살아왔다. 도시를 개발하고 확장하고 뭔가를 채워야 하는 줄만 알고 살아온 것이다. 저성장시대를 맞고 있다. 저출산, 고령화 등 성장시대와는 다른 모습이 사회 곳곳에서 보이기 시작한다. 물질적으로 부족함보다 넘치는 사회에 살고 있다. 하지만 한편으로는 세대 간, 도시 간, 소득과 소비, 주거, 교육, 의식 등 사회 모든 면에서 양극화가 심화되고 있다. 성장시대에 통용되던 해법과 기존 가치로는 현재 등장하고 있는 사회문제를 치유하기에는 벅차다.

또한, 각종 사회문제도 역시 정치, 경제, 문화, 환경 등 복잡하게 연결되어 있고 민간과 기업의 능력도 행정을 능가한 지 오래다. 한두 가지 관점만으로, 행정의 힘만으로 우리가 직면한 각종 사회문제를 해결할 수 없는 시대다.

코로나19를 겪으며 많은 시민이 소소한 일상과 생활 속의 여유가 삶에서 얼마나 소중한가를 느꼈다. 그와 동시에 시민들은 개인 스스로 주의한다고 우리가 원하는 건강과 일상을 온전히 챙길 수 없다는 사실도 깨달았다.

우리는 공동체와 함께 문제를 해결해야 하는 도시 환경에 놓여 있다. 도시 공동체가 시민들이 안전하고 쾌적한 공간에서 살 수 있는 환경을 만들어 주어야 하는 중요한 책무가 있다는 것을 다시 한 번 각인시켰다. 내가 살고 있는 도시와 이웃, 공동체에 대해 생각해보는 소중한 계기가 된 것이다.

성장과 저성장의 시대를 넘어 성숙의 시대로 나아가야 한다. 그러기 위해서는 사회 전반에 새로운 기준과 방향이 설정되어야 한다. 성숙한 사회는 산업화 시대처럼 양적 성장의 가치와 조급함으로 몇 년간 목표를 설정하고 노력한다고 달성될 수 있는 사회가 아니다. 시민들이 공감하는 수준의 가치를 갖고 정성을 다하며 세월의 흔적과 기다림으로 이루어지는 것이다. 시민과 전문가, 행정이 함께 머리를 맞대고 각종 사회문제의 본질을 파악해 시민들의 관점에서 해결하는 도시가 성숙한 도시다. 사람과 자연이 조화를 이루고 시민들이 함께 하는 공공성의 가치를 지향하는 도시 디자인 관점이 성숙한 사회로 나아가는 출발점이 될 수 있다. 넥스트시티는 디자인 도시다.

4장
아이 키우기 좋은 도시

초저출산 사회 대한민국

출산 대책의 실패는 필연적이었다

개인 삶이 행복한 것 자체가 목적이다

조선시대에도 출산휴가 제도가 있었다

초저출산 사회 대한민국

0.837명

통계청이 발표한 2020년 합계 출산율이다. 여성 1명이 평생 낳을 것으로 예상되는 출생아 수를 의미하는 합계 출산율이 2019년 0.92명에 이어 역대 최저치를 기록했다. 경제협력개발기구(OECD) 국가 중에서도 최하위다. 1970년 출산율 4.53명에서 1984년 1.74명으로 처음으로 1명대로 떨어진 후 급기야 2018년 0.98명으로 0명대가 되고 말았다. 세계에서 유일한 '출산율 0명대 국가'로 저출산을 넘어 초저출산 사회가 된 것이다.

전체 출생아 수도 1970년대 100만 명대에서 2020년 27만 명으로 줄었다. 2019년 출생아 30만 3,100명에서 처음으로 20만 명대에 들어선 것이다. 2021년 1월 행정안전부가 발표한 인구통계에 따르면 2020년 우리나라 총인구는 5,182만 9,023명으로 2019년보다 2만여 명 줄었다. 2020년이 대한민국에서 인구 자연 감소가 시작되는 첫 해가 된 것이다. 합계 출산율이 2.1명은 되어야 부모 세대와 자녀 세대의 인구수가 동일

해지는데 1984년 1명대로 떨어진 후 반등은커녕 오히려 0명대로 추락하고 말았다. 문제의 심각성을 더하는 것은 감소 추세가 예측한 것보다 훨씬 빠르다는 것이다. 통계청이 2016년 인구 자연 감소 시점을 2029년으로 예측했는데 불과 3년 후 현실로 다가온 것이다. 10년이 앞당겨졌다.(한겨레, '합계 출산율 역대 최저 0.92명 기록… 올해부터 '인구절벽'', 2020.2.26.) 아버지 세대에서는 평균 4~5명의 자녀를 키웠고 우리 세대는 '아들 딸 구별 말고 둘만 낳아 잘 키우자'라는 슬로건에 맞게 평균 2명의 자녀를 낳아 키웠지만 급기야 자녀들 세대에서는 1명도 채 낳지 않는 시대가 도래했다.

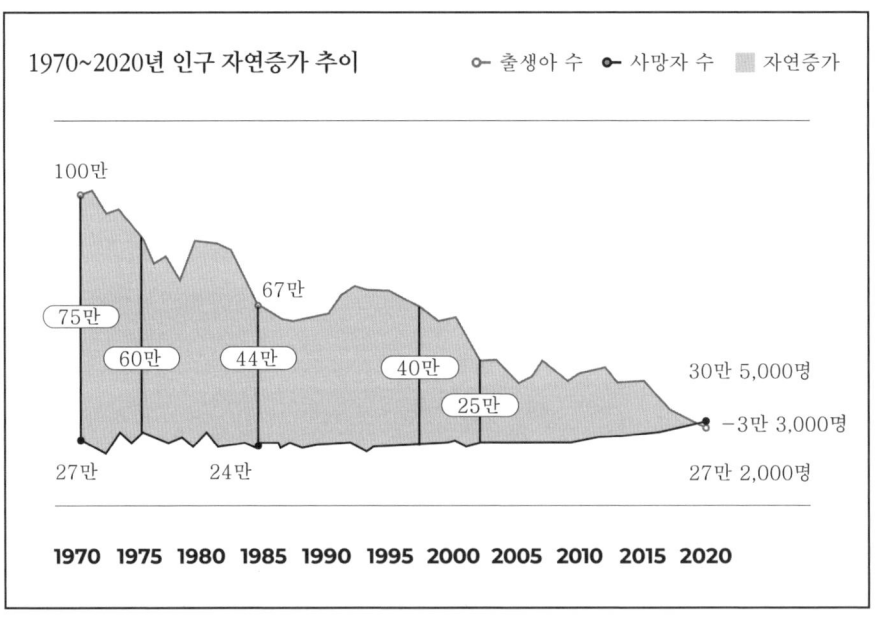

〈자료: 통계청〉

'아이가 사라지는 세상', '텅 빈 요람', '우리 학교가 사라지고 있어요' 도서관에 가 출산과 보육 관련된 서적을 찾다가 발견한 책 제목들이다. 심상치 않다. 지금 우리가 처한 현실을 압축적으로 표현하고 있다. 인구가 감소하면 인구밀도가 내려가 개개인 삶의 질이 향상된다는 긍정적인 평가도 있지만 인구절벽과 같은 급격한 인구감소는 부작용이 더 크다. 생산가능인구가 줄어 잠재적 경제성장률을 떨어뜨리고 고령화와 맞물려 총부양비가 늘어난다는 것이다. 총부양비는 생산가능인구 100명당 유소년(0~14)과 노년(65세) 인구 비율로 2019년 통계청 추계에 따르면 2020년 총부양비는 39.8명인데 2040년에는 79.7명으로 증가한다. 쉽게 말해 20년 후에는 경제활동을 하는 국민 한 명이 먹여 살려야 할 사람이 2배로 증가한다는 뜻이다.(중앙일보, '가파라지는 출산절벽 인구감소 원년 앞당겼다', 2021.1.4.) 다음 세대의 부담이 그만큼 커진다는 의미다.

물론 저출산 현상이 우리 사회만 겪고 있는 것은 아니다. 출산율 저하는 선진국 대부분의 국가에서 일어나고 있는 전 지구적 현상이다. 다만, 대한민국의 저출산 문제는 그 진행 속도가 다른 나라보다 너무 빠르다는 것이며 인구절벽이라는 말이 나올 정도로 출산율이 급격히 떨어져 반등이 쉽지 않다는 데 그 심각성이 있다.

유럽 국가들은 우리보다 앞선 1970년대부터 급격한 출산율 감소를 경험했다. 2017년 유럽연합(EU)의 평균 출산율은 1.59명이다. 전문가들은 그중 프랑스와 스웨덴을 눈여겨보고 있는데 이는 출산율 하락을 경험한 후 반등에 성공했기 때문이다. 세계은행 통계에 의하면 프랑스는 1993년 1.73명에서 2017년 1.92명으로, 스웨덴은 1998년 1.50명에서 2017년 1.85명으로 출산율이 조금씩이나마 회복되고 있다. 한국은행이 발표한 '유럽 주요국의 출산율 안정화 정책 평가 및 시사점'이라는 보고서에 의하면 유럽의 출산율 안정화 국가들은 "자녀가 있는 가구의 소득을 지원하고 육아부담을 줄여주는 가족정책이 큰 영향을 미쳤다"라며 프랑스와 스웨덴 모두 육아휴직 제도를 적극 활용하는 일과 가정의 양립을 위한 정책 등이 출산율 회복에 영향을 미치고 있다고 분석했다.(머니투데이, ''나라가 키운다'…프랑스·스웨덴 출산율 반등 특효약은', 2019.9.1.)

한편, 이런 적극적인 출산정책에 대한 반론도 만만치 않다. 김민식 저출산문제연구소장은 프랑스의 출산율이 2010년 2.02명으로 상승하다가 2017년 1.92명으로 다시 하락한 점을 지적하며 프랑스의 출산율 상승은 이민자 덕분(이민자 출산율 3.3명)이지 출산과 육아 지원정책으로 인한 것이 아니라고 주장한다. 다시 하락한 것은 이민 2세들이 프랑스 원주민들과 비슷하게 자녀들을 갖기 때문이라고 분석한다. 그는 우리나라를 비롯한 많은 국가들이 프랑스 출산·육아 정책이 효과가 있다는 것에 속아 예산과 시간을 낭비하고 있다며 "프랑스처럼 돈을 퍼준다고 아이를 낳지 않는다는 것을 명심"하라고 경고한다.(신아일보, '저출산 이야기 14-프랑스 출산율의 비밀', 2020.10.14.)

출산 대책의 실패는 필연적이었다

우리 정부도 가만 있었던 것만은 아니다

2005년 합계 출산율이 1.09명까지 떨어지자, 정부는 2006년부터 2019년까지 저출산 대책으로 180조 원 이상의 예산을 쏟아부었다. 하지만 출산율은 오히려 가파르게 떨어지고 있다. 지금까지 15년 이상 추진해온 출산 정책 효과가 거의 없었다는 의미로 밖에 해석되지 않는다. 과거 '하나만 낳아 잘 기르자'라는 식의 국가주도적 출산 정책(산아 억제 정책)을 실시하던 시절은 지났다. 실효성도 없는 것으로 밝혀지고 있다. 김민식 소장이 말했듯이 양육비 지원, 다자녀 세제 혜택과 같은 출산장려 정책만으로는 한계가 있는 것이다. 저출산고령화사회위원회 은성호 기획조정관도 "국가주도의 출산장려로 인해 개인의 선택을 간과했던 측면이 있었다"며 "진짜 문제는 저출산이 아닌 국민 삶의 질을 어떻게 제고하는가다"라고 말하고 있다.(한의신문, '10년 넘게 저출산 대책에 나섰지만 왜 실패했나?', 2020.1.16.)

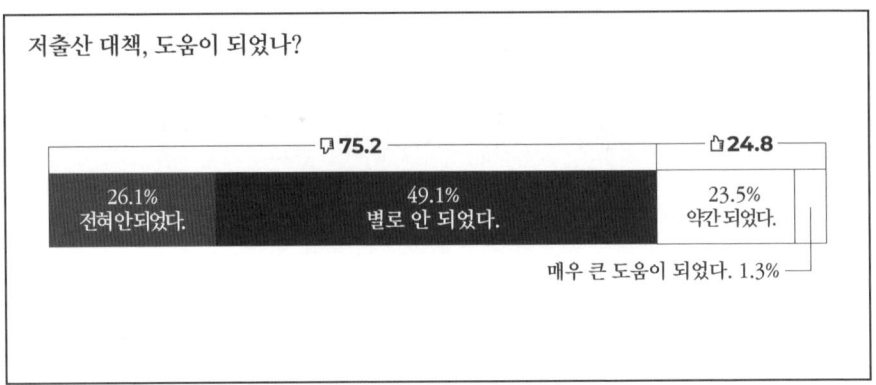

〈자료: 30~40대 1,345명 인터넷 설문조사 결과〉

　개인적으로 통계청 간부와 출산율에 대해 이야기를 나눌 기회가 있었다. 합계 출산율이 2명대로 떨어졌을 때(1984년 1.74명) 출산정책을 가동했어야 했는데 거의 0명대에 근접해서야(2005년 1.09명) 정책을 시행하는 바람에 효과가 없었다고 했다. 너무 늦었다는 말이다. 골든타임을 놓친 것이다. 젊은 세대의 상당수는 '출산 장려'라는 정책 자체에도 반감을 갖고 있다. 시민 개개인의 삶인 출산과 보육 문제를 사회경제적 차원에서 국가 인구정책으로 치환되는 데에 대한 거부감인 것이다. 이제 국민 개개인 삶의 질을 어떻게 높일 수 있는가에 집중하지 않고서는 저출산 문제는 해결될 수 없다.

　결혼정보회사 듀오가 미혼 남녀를 대상으로 한 출산 인식 조사에 의하면 응답자 중 64.5%가 저출산 문제를 심각하게 여기는 것으로 나타났다. 저출산의 원인으로 가장 많이 언급한 항목은 '일과 가정 양립의 어려움'으로 32.6%에 이른다. 그 다음으로는 '육아로 인한 경제적 부담(26.8%)', '결혼 지연과 기피의식(15.5%)', '실효성 없는 국가정책(7.8%)', '사회와 미래에 대한 두려움(7.4%)' 순으로 응답했다.(글로벌이코노믹, '저출산 원인은', 2020.2.21.) 요약하면, 대부분의 미혼 남녀가 아이를 낳고 기르는 데 따른 경제적인 부담과 함께 출산·육아휴직 등 일과 가정의 양립이 어려운 직장문화와 인식이 출산을 주저하는 가장 큰 요인으로 여기는 것이다.

그러나 여기서 한 번 살펴보자. 지금까지 출산정책과 그에 대한 논의가 '저출산 문제를 극복해야 할 과제'로 여기고 은연중 이전 세대에서 해온 국가 주도 방식으로 인구조절이 가능할 것이라는 과거 회귀적 정책에 기반한 것은 아닌지 그리고 저출산 문제는 양육비 지원, 보육시설 확충 등 사회경제적, 구조적 문제라고 이미 방향을 정해놓고 해결하는 제한된 시각으로 접근한 것은 아닌지 진지하게 되돌아볼 필요가 있다.

이렇게 말하는 근거로는 대부분 저출산과 관련된 설문조사 자체가 이미 '삶의 질'과 관련된 항목은 거의 없고 사회경제적, 구조적 항목 위주로 구성되어 있어 설문조사 대상자인 미혼 남녀들은 이미 정해진 항목 내에서 답을 선택할 수밖에 없었고 그로 인해 저출산 대책도 출산양육비 지원과 보육 인프라 개선 등 사회경제적, 구조적 대책에 한정될 수밖에 없었던 것 아닐까? 즉, 질문 자체가 잘못되었기 때문에 올바른 해결책을 찾지 못했던 것은 아닐까? 결과적으로 지난 수십 년간 180조 원에 달하는 막대한 예산을 투입했음에도 불구하고 저출산 흐름을 막는 데 실패했다.

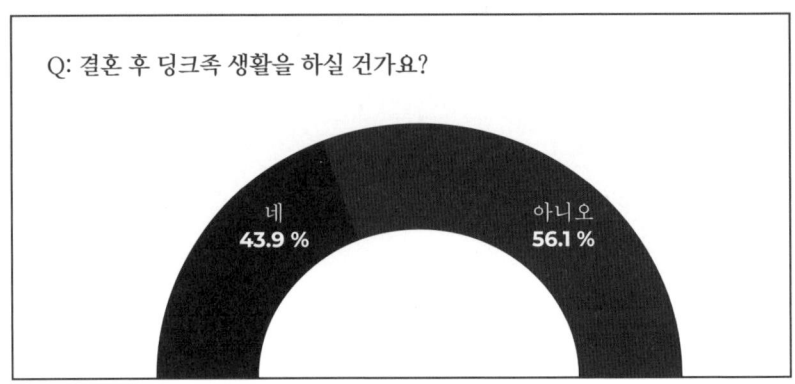

〈자료: 잡코리아〉

저출산을 바라보는 관점을 전환해 다양한 측면에서 조망해야 한다. 심리학, 인구학, 생물학, 역사학 등 각 분야별 전문가들이 쓴《아이가 사라지는 세상》에 의하면 저출산 문제를 단순히 사회경제적 현상만으로 해석하기보다 개인의 삶을 중시하는 라이프스타일 변화, 치열한 경쟁 속에서 적응하는 현상이라는 생물학적 관점, 행복감이 높을수록 출산율도 높다는 심리적 측면 등도 함께 고려해야 한다고 지적한다. 저출산으로 인구가 줄어드는 것이 반드시 나쁘지만은 않다는 일부 견해도 있다.

아이 키우기 좋은 사회를 만들기 위해서는 지금까지 추진해온 저출산 정책과 다른 관점과 방식도 적극 수용해야 한다. 저출산으로 인한 사회경제적 부담을 해결하기 위해 사용해온 출산장려 중심 정책은 자칫 개인을 국가 정책의 도구로 여긴다는 오해를 부를 수 있다. 이제 정책 추구 방향 자체가 바뀌어야 한다. 아이를 낳고 기르는 문제를 인구증가의 수단이 아닌 개개인 삶의 질과 행복이라는 목적 자체로 바라봐야 한다. 그리고 출산을 사회경제적, 구조적 측면에서만 바라보지 말고 심리적, 생물학적 측면 등도 통합적으로 고려해야 한다. 대부분의 다른 정책과 마찬가지로 중앙부처 중심의 하향식 정책은 지역별 특성을 반영할 수 없다. 인구가 증가하는 도시가 있는가 하면 줄어드는 도시도 있고 젊은 층이 집중되는 도시와 아이의 울음소리가 멈춘 농촌도 있다. 인구 구성이 다양한 지역의 현실이 반영되어야 한다.

아프리카에는 "한 아이를 키우기 위해서는 온 마을이 필요하다."라는 속담이 있다. 아이를 키우는 데 지역이 기반이 되어야 한다는 의미를 담고 있다. 출산과 육아 정책은 사회경제적, 생물학적, 심리적인 요인들을 통합적으로 고려하고 도시 인구 구성과 역량에 어울리는 지역 정책으로 수립되어야 효과가 클 것이다. 이것이 아이 키우기 좋은 환경을 만드는 데 도시가 중심이 되어야 하는 이유다.

개인 삶이 행복한
것 자체가 목적이다

아이를 낳고 기르는 문제를 인구증가의 수단이 아닌 개개인 삶의 질과 행복이라는 목적 자체로 바라봐야 한다. 결국 핵심은 아이 키우기 좋은 도시를 만드는 것이다. 이를 위해 6가지 방법을 제안한다.

도시를 아이들에게 안전한 곳으로 만들어야 한다

대부분의 부모가 아이를 키우면서 가장 걱정하는 부분은 '안전'이다. 국가 주도 출산 정책에는 '안전'이 핵심 정책 중 하나가 아니다. 중앙정부가 안전을 중시하지 않는다는 뜻이 아니다. 안전 분야는 출산 정책을 주도하는 부서가 수립하지 않기 때문에 안전을 포함해 종합적 시각에서 정책을 다루기 어려운 구조라는 말이다. 2020년 6월 질병관리본부에 의하면 어린이 교통사고 환자 비율이 성인에 비해 1.5배 이상 높다고 한다. 특히 취학 전 어린이(만 1~6세) 교통사고 비율은 30.5%로 가장 높고 초등학생(만 7~12세)이 26.3%로 그 다음을 차지했다. 어릴수록 위험에 더 노출되는 환경에서 살고 있는 것이다. 아이들을 위한 안전한 환경을 조성하기 위해 셉테드(CPTED)와 같이 디자인 개선과 안전교육 등을 통해 교통사고, 화재, 성범죄 등 아이들에게 노출되어 있는 잠재적 위험들로부터 자유로워질 때 아이 키우기 좋은 도시가 될 수 있다.

아이들을 마음 편히 맡기고 아이들이 마음 놓고 뛰어놀 수 있는 인프라를 조성해야 한다

2018년 보건복지부 보육실태조사에 의하면 아이를 기르는 부모들이 가장 원하는 육아지원정책 1순위는 국공립 어린이집 확충이다. 안심하고 아이를 맡길 수 있는 공간을 요구하는 것이다. 공공보육 어린이집을 이용하는 아동 비율이 2015년 21.4%에서 2018년 25.2%로 증가했지만 아직도 많이 부족한 상태다. 국공립 어린이집을 지속적으로 확충해 나가야 한다. 하지만 국공립 어린이집의 전면적 확대가 현실적으로 어려운 만큼 지역에 있는 학교와 공공기관은 물론 지역에 뿌리를 둔 기업들도 아이를 돌보는 시설을 함께 만들어 나가야 한다. 아울러 아이들이 뛰어놀 수 있는 공간도 많이 부족한 것이 현실이다. 아이들이 야외활동을 자유롭게 할 수 있는 생태놀이터와 공원, 체육시설 등도 확충해야 한다. 미세먼지가 심한 요즘 젊은 부모들은 실내 키즈카페에서 아이들이 놀 수 있도록 하는데 현재 대부분 민간시설로만 운영 중이다. 아이들이 신나게 놀 수 있고 엄마 아빠들도 차 한 잔하면서 주말을 편히 쉴 수 있는 공공 키즈카페

운영 방식도 민간부문을 침해하지 않는 차원에서 고민해볼 때다.

아이를 돌보는 데 필요한 시간을 제공해야 한다

미혼 남녀들은 저출산의 원인으로 '일과 가정 양립 어려움'을 가장 많이 꼽았다. 출퇴근 시간이 많이 걸리는 경우 또는 아이를 맡기는 보육시설과 직장 방향이 다른 경우 부모들은 하루하루가 전쟁 치르듯 힘겹다. 저출산의 심각성에 대해서는 대부분 인식하고 있지만 출산과 양육을 배려하는 직장문화는 아직도 정착되어 있지 않기 때문이다. 일과 가정생활이 조화를 이룰 수 있도록 사회적 환경과 인식이 바뀌어야 하는데 아이를 가진 부모들은 여전히 눈치를 보며 회사를 다니고 있다. 지역에 있는 공공기관과 건실한 기업부터 출산휴가와 육아휴직, 재택근무와 유연근무제 등을 통해 부모들이 더 많은 시간을 아이와 함께 보낼 수 있도록 사회적 인식과 시스템을 바꾸어야 한다.

좋은 기업의 올바른 성장을 돕는다

좋은 일자리는 기업이 만들고 좋은 기업은 인재를 중시한다. 훌륭한 인재를 채용하기 위해서는 기업도 이제 아이 키우기 좋은 환경을 만들어야 한다. 판교에 소재한 기업을 방문할 기회가 있었다. 국내 유수의 IT

기업이었는데, 회사 내에 24시간 아이를 맡기고 일할 수 있는 환경을 조성해놓았다. 부모들이 회사를 떠나고 싶어도 떠날 수 없는 환경을 만들어준 것이다. 도시는 지속가능한 발전을 이루기 위해 좋은 기업을 유치하고 성장할 수 있도록 도와야 한다. 기업과 도시가 주민과 함께 선순환 성장을 하는 데 필요하다.

교육하기 좋은 환경을 만들어야 한다

국회 입법조사처 박선권 입법조사관은 '국민의 정책수요 관점에서 본 저출산 대응의 한계 및 시사점'이라는 보고서를 통해 "20대 청년층은 세대 간 불평등을 재생산하는 불공정한 경쟁교육이 세대 간에도 전승될 '위험'과 '비용'으로 간주해 결혼과 출산을 포기했다"라고 분석하였다. 아이들은 초등학교 때부터 대학입시 경쟁에 내몰리고 있다. 부모들은 자녀 사교육비 지출 부담에 허리가 휜다. 인공지능, 빅데이터, 클라우딩, 로봇 등으로 상징되는 제4차 산업혁명 시대가 도래하고 있다. 협업과 융합, 창의력이 중시되는 시대다. 하지만 우리 사회는 아직도 산업시대에서나 어울릴 암기 위주의 전통적인 교육시스템에서 벗어나지 못하고 있다. 언제 어디서나 교육비 부담 없이 자유롭게 배울 수 있는 평생학습이 그 자리를 차지해야 한다. 이런 차원에서 교육도 지방정부가 적극적인 역할을 해야 한다. 단순히 사교육비 절감 차원이 아니라 교육의 질과 미래를 위해서다.

'엄마학교', '아빠학교'를 만들어야 한다

인생에서 가장 의미 있고 큰 변화를 맞이하는 때는 내 아이가 생긴 순간일 것이다. 하지만 과연 많은 부모가 아이를 잘 키울 준비가 되었는지는 의문이다. 취업을 위해 영어, 수학 등에 엄청난 시간을 투자했지만 그보다 더 중요한 아이를 돌보는 일은 잘 모르는 상태에서 엄마와 아빠가 되는 것이 현실이다. 엄마 아빠가 되고 나서야 많은 시행착오를 겪으며 아이를 키운다. 각 마을마다 출산 전부터 부모 역할과 부부간 서로의 어려움에 대해 배울 수 있는 '엄마학교', '아빠학교'를 만들어 준비된 엄마와 아빠로부터 양육을 받는다면 아이들은 정말 행복할 것이다.

조선시대에도 출산휴가 제도가 있었다

 조선시대에도 '출산휴가 제도'가 있었다고 한다. 그것도 '노비'에게 주는 출산휴가였다. 더 놀라운 것은 남성 노비에게도 출산휴가를 주었다는 것이다. 세종대왕 이전에 노비가 출산하면 일주일간 휴가 제도가 있었다. 하지만 이 제도는 산모에게만 적용되었고 그 기한이 짧아 산모와 영아 모두에게 생명에 위협이 될 상황이 되자 세종은 총 3차례 논의 과정을 거쳐 출산휴가 제도를 개선했다.

 1차로 세종 8년 산후 일주일간의 산모 출산휴가를 100일로 늘렸다. 세종 12년 2차로 산모가 출산 직전까지 일하는 것은 문제라고 여기고 출산 전 1개월간의 휴가를 더 주었다. 즉, 산모의 총 출산휴가는 130일이 되었다. 마지막으로 산모의 출산 후 회복하는 과정을 도우라는 차원에서 산모의 남편에게 출산 후 30일간 휴가를 주었다. 남성 출산휴가 제도가 탄생하는 순간이었다.(오마이뉴스, '세종대왕때 이미 출산휴가·남편 육아휴직이 있었다', 2004.12.25.)

 세종대왕의 출산휴가 제도는 많은 것을 시사한다. 먼저 발상의

〈출처: EBS 역사채널e〉

전환이다. 지금도 눈치를 봐가며 출산휴가를 내는 직장문화의 현실에서 수백 년 전 가장 하층민에 속한 계층에게 시행을 하였고, 남성 육아휴가 제도까지 법제화했다는 점이다. 두 번째로 과학적이고 장기적인 관점에서 추진한 제도라는 것이다. 육아휴직 제도 하나를 8년에 걸쳐 관찰하면서 미비점을 보완해갔다. 전문가들로부터 현재의 출산정책이 단기적 시각에서 백화점식 정책을 나열한다고 비판받는 점과 비교할 때 참고할 만한 사례라고 본다. 가장 중요한 점은 배려의 행정이다. 천민이더라도 인간이 누려야 할 최소한의 기본적인 권리를 시혜가 아닌 법규로 보장했다는 점이다.

수년 전 프랑스 출장을 갔을 때의 일이다. 프랑스 아이들이 자신들의 입장을 분명히 말하고, 행정은 이를 주의 깊게 듣고 정책에 반영하는 모습을 보았다. 이제 기존 공급자의 시각에서 단순히 아이를 많이 낳기를 유도하는 정책은 성공할 수 없다고 본다. 출산율을 올리는 것이 목표가 되면 안 된다. 부모와 아이가 함께 행복한 가정을 이룰 수 있도록 도와줄 방법을 고민하는 관점으로 전환되어야 한다. 아이와 부모의 삶이 우선되는 정책 말이다. 아이와 부모가 행복하면 출산율은 자연스럽게 올라갈 것이다. 도로, 다리공사처럼 단기간에 성과를 낼 수 있는 정책과도 근본적으로 다르다.

 인간의 삶, 가정과 관련된 사안인 만큼 단기간에 좋은 제도가 만들어지기는 쉽지 않다. 아이를 낳고 기르는 문제는 제도와 시스템, 인식과 문화가 바뀌어야 해결될 사안이므로 긴 호흡과 멀리 바라보는 안목이 필요하다. 세종대왕 시대와 달리 현재는 과학기술이 많이 발달했음에도 불구하고 당시보다 비과학적인 측면이 있다. 거기에는 단순히 기술뿐만 아니라 사람을 진심으로 배려하는 마음이 결여된 것은 아닐까? 아이들이 바라는 것은 돈이 아니라 부모가 함께 놀아줄 '시간과 관심'일 것이다. 넥스트시티는 과학적이고 따뜻한 마음을 가진 배려의 행정을 통해 '아이 키우기 좋은 도시(환경)'를 만드는 것이라고 생각한다.

5장
문화도시

모든 도시는 문화도시가 되어야 한다

문화를 기반으로 도시가 혁신되어야 한다

문화도시는 어떻게 만들어지는가

문화는 우리 삶의 총체다

모든 도시는 문화도시가 되어야 한다

인간다운 삶을 추구하기 위해서는 노동과 문화가 조화를 이루어야 한다

'어느 도시에 살까?' 또는 '어느 도시를 방문할까?'를 결정할 때 대부분의 사람들이 가장 중요하게 생각하는 요소 중 하나는 문화가 풍요로운 곳일 것이다. '문화는 인간에게 어떤 의미를 갖고 있나?'라는 기본적인 질문에 대해 '문화가 없다면 인간은 어떤 존재일까?'라는 질문으로 대체해본다. 우리에게 문화가 없는 삶은 말 그대로 노동하는 인간으로만 남지 않을까? 인간다운 삶을 추구하기 위해서는 노동과 문화가 조화를 이루어야 한다. 이런 차원에서 요즘 우리가 추구하는 라이프스타일인 '일과 삶의 균형'은 개인의 노력과 더불어 결국 문화도시가 해결책이 될 수 있다고 생각한다. 그래서 최근 많은 도시가 문화도시로 성장하겠다고 선언하고 나서고 있다.

도시가 문화와 만날 때 품격이 높아져 지역 주민들에게 자부심을 갖게 하며 문화 향유의 기회도 확대되어 생활수준도 향상시켜 준다. 또한, 문화가 넘치는 도시는 '굴뚝 없는 공장'이라고 부르는 관광산업을 통하여 지역경제에 활력을 불어넣는다. 젊은 인재들이 모여들게 만들어 그들을 필요로 하는 좋은 기업들이 그 도시에 자리잡게 해 자연스럽게 도시 경쟁력도 강화된다. 즉, 모든 사회가 직면한 과제인 '먹고 사는' 문제와 삶의 질을 높일 수 있는 방법이 문화라는 점을 도시들이 서서히 인식하게 된 것이다. 도시 공간과 우리 삶 속에 문화적 요소가 많이 부족한 현실에 비추어 볼 때 문화도시에 대한 사회적 논의는 긍정적이며 오히려 늦은 감이 있다고 생각한다.

문화도시를 어떻게 만들 것인가를 논하기에 앞서 '문화도시'에 대한 논의가 나오게 된 배경, 문화도시가 가진 의미와 우리 도시들의 실태를 알아보는 것이 필요하다.

문화도시에 대한 구체적인 논의와 실천 사례는 유럽에서 시작되었다. 1970년대 이후 경제성장에 큰 역할을 담당했던 기존 공업도시들은 산업화가 심화되는 과정 속에서 공장에서 발생하는 각종 환경오염으로 몸살을 앓게 되었고 공장지대 인근의 슬럼화로 지역경제가 쇠퇴하는 등 많은 사회문제에 직면하게 되었다. 또한, 1980년대 들어 제조업 중심의 산업구조가 근본적인 변화를 맞게 되고 도시민들이 추구하는 생활방식도 큰 변화를 겪었다. 유럽 각국은 이 위기를 극복하고 인간다운 도시로 회복하기 위해 기존 방식과 달리 문화예술인들이 참여하는 문화를 통한 도시재생 프로젝트를 시행했다. 문화가 도시를 변화시키기 위한 핵심 역할을 담당하게 된 것이다.

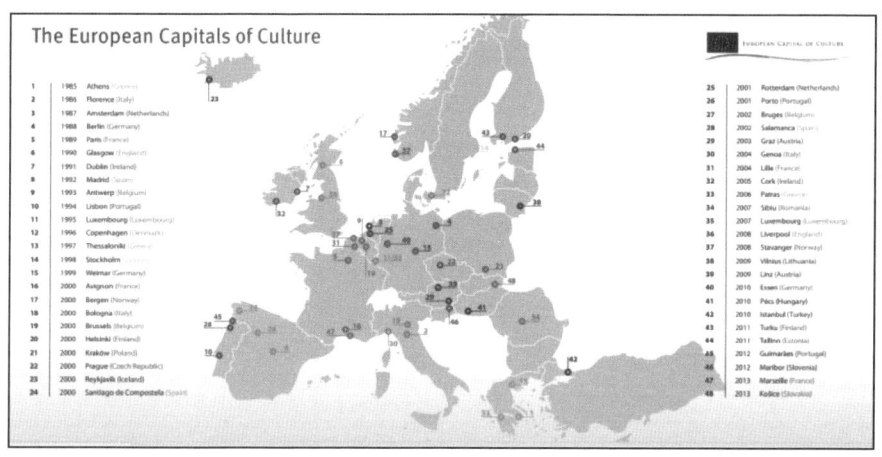

〈유럽 문화수도 지도〉

그 연장선상에서 1983년 당시 영화배우이자 그리스 문화부 장관이었던 멜리나 메르쿠리가 유럽의회에 문화유산 보존과 문화적 통합에 기여한 도시를 유럽 문화도시로 지정하는 사업을 제안했다. 이에 유럽의회는 1985년 그리스 아테네를 최초의 유럽 문화도시(European City of Culture)로 지정하고 재정지원을 했다. 1999년 이 프로젝트의 명칭은 유럽 문화수도(European Capital of Culture)로 바뀌었다.

나도삼 연구위원은 유럽 문화도시는 도시 재생 과정에서 '문화'를 전략으로 선택했으며 별도 시설을 새로 짓는 것이 아닌 기존 공장이나 공장지대를 활용했고 도심의 중심성을 개선시킨 점들이 우리나라 도시들에게 시사하는 바가 크다고 말했다. 그러면서 "문화도시란 단지 문화를 활용하는 것이 아니라 문화를 기반으로 도시를 근본적으로 변환시키겠다는 발상과 전략, 이를 수행하는 계획을 담고 있어야 한다"라며, "문화도시에 '산업'적 관점이 아닌 '문화'적 관점, 외생적 관점이 아닌 내생적 관점으로 접근할 필요가 있다"라고 조언했다.(라도삼,《문화도시 요건과 의미, 필요조건》, 월간 도시문제, 2006년 1월호.)

자연스럽게 현 시점에서 우리에게 문화도시는 어떤 의미를 갖고 있는지 고민해본다. 우리 도시들도 역시 문화도시를 추구하는 배경은 유럽 도시들이 문화도시를 논의하고 시도한 것과 맥락이 같다. 한편, 그에 더해 유럽 도시들보다 '문화도시'에 대한 더 진지한 논의와 실천이 필요하다고 생각한다.

문화를 기반으로 도시가
혁신되어야 한다

우리나라 도시의 문화 인프라와 시스템은 매우 취약하다

　우리나라의 도시들도 역시 급격한 산업화 과정의 부산물로 미세먼지와 악취, 수질오염 등 환경이 파괴되어 인간과 자연이 심각한 고통을 받고 있다. 또한 대부분의 산업단지 부근은 슬럼화가 진행되어 지역이 경제적, 사회적으로 쇠퇴하는 조짐도 뚜렷하다. 한편, 제조업 중심의 산업화 시대에서 지식정보화 시대로 경제구조도 빠르게 전환되고 있다. 빅데이터, 로봇, 인공지능으로 대변되는 4차 산업혁명 시대를 맞고 있는 것이다. 기존 일자리가 새로운 일자리로 대체되고 있는 현실에서 대부분의 도시들은 아직도 산업화 시대의 관점에서 도시발전전략을 내세우고 있다.

　여전히 선거철만 되면 후보들은 공항과 도로 건설 등 하드웨어 중심의 도시개발을 공약으로 쏟아낸다. 도시 간, 도시 내 균형발전을 내세우지만 대규모 하드웨어 위주의 발전전략은 대도시, 신시가지 중심으로 편성되어 지역 간 불평등이 심화되고 있다. 또한, 경제성장으로 시민들의 생활수준이 높아짐에 따라 삶의 질 차원에서 문화에 대한 관심과 욕구가 강해지는 반면, 소득 격차 등으로 문화 향유에서도 시민들 사이에 불평등이 심화되고 있다. 공공성 차원에서 도시 정부는 시민들에게 최소한의 문화 접근권을 보장해야 할 책임이 있다.

문화를 기반으로 도시를 혁신시키기 위한 문화도시 프로젝트 추진이 절실하다

유럽 도시들은 그 자체가 박물관이라고 할 정도로 많은 문화유산과 건축물을 보유하고 있다. 반면, 우리나라 중소도시들 중에는 박물관은 커녕 영화관조차 없는 경우도 있다. 우리의 일상생활과 가장 밀접한 관계를 가진 교통과 도로 시스템은 사람보다 자동차 위주다. 갈수록 미세먼지는 심각해지고 있으며 일회용품 사용량 증가 등의 환경오염도 심해지고 있다. 대규모 신도시 개발로 인해 아파트로 빼곡히 채워진 도시는 어디를 가도 구별하기 힘들 정도로 비슷한 모습이다. 세월의 흔적을 말살하는 토건형 문화로 보전할 건축물과 문화유산이 드물다. 도시의 다양성과 아이덴티티가 사라진 지 오래다.

코로나19 발생, 경기침체 등 위기에 직면할 때마다 타격을 많이 받은 분야 중 하나가 문화예술이다. 민생이 우선이라며 정부가 예산을 가장 먼저 줄이는 문화예술, 문화산업이야말로 미래 먹거리라는 인식도 부족하다. 말로는 문화예술이 중요하고 21세기는 문화의 시대라고 외치지만 정작 우리 삶터와 일터에서 문화예술이 왜 중요한지에 대한 고민도 부족하고 그에 따라 문화예술에 대한 장기적인 정책 방향도 부재한 실정이다.

다음은 문화를 발전전략으로 추진한 도시 중 우리가 참고할 두 가지 유형의 문화도시 사례를 살펴보겠다. 심각한 도시문제를 안고 있는 개발도상국 도시들 중 세계가 인정한 문화도시로 탈바꿈한 브라질 꾸리찌바시와 지식정보화 시대에 맞는 라이프스타일과 창조도시로 유명한 미국 포틀랜드다.

꾸리찌바시는 20세기 중반 제3세계 다른 도시들과 비슷하게 시민의 과반수가 문맹이었고 빈민이 많아 범죄와 같은 각종 사회문제가 빈번히 발생한 도시였다. 1970년 자이메 레르네르 시장은 인간중심적 문화도시를 만들기 위해 자동차를 위한 도로를 만들기보다 도심 곳곳에 걷고 싶은 거리를 조성했다. 폐광지역, 폐업공장, 탄약창 등 사용가치가 사라진 건물을 문화시설로 개조했다. 또한, 빈민들과 서민들을 지혜의 길로 안내하기 위해 초등학교 근처에 동네 도서관을 설치하는 '지혜의 등대' 사업도 추진했다. 등대 1개당 약 1억 5천만 원이 들었고 50개 이상이 건립되었다. 많은 투자금을 들여 문화시설을 만들어가는 토건형 문화도시가 아닌 역사와 문화유산을 보존하고 기존 시설의 재생을 통해 지역 주민이 우선적으로 혜택을 보는 '공동체형 문화도시의 전형'이다.(박용남,《꾸리찌바 에필로그》, 서해문집, 2011.)

(꾸리찌바 '지혜의 등대')

미국 포틀랜드의 힘은 적정한 인구와 잘 계획된 사회기반 시설, 명문 주립대학으로 이루어진 교육기관에 있다. 도보 20분 권역의 라이프스타일을 가진 도시로 100여 개 공공 예술작품과 수십 곳의 갤러리가 있으며 매주 수백 명의 예술가가 작품을 전시하는 '토요시장'이 유명하다. 세심한 건축물 디자인 가이드라인이 있어 오래된 건물과 현대식 건물이 아름다운 거리 풍경과 조화를 이룬다. 기업 유치에서도 다른 도시와 달리 대기업보다 이 도시의 장점을 이해하고 이 도시가 아니면 사업을 할 수 없다는 기업에게 인센티브를 제공한다. 그 도시가 가진 문화와 조화를 이루는 기업을 선호한다. 인큐베이터와 엑셀러레이터 등 창업 지원시설도 많아 포틀랜드를 창조도시로 만들고 있다.(야마자키 미츠히로, 《포틀랜드, 내 삶을 바꾸는 도시혁명》, 어젠다, 2017.)

꾸리찌바시는 현재 우리나라 도시들이 가진 각종 자원으로 할 수 있는 일과 해야 할 일의 측면에서, 포틀랜드시는 향후 창조도시로 나아가기 위해 어떤 준비를 해야 하느냐 차원에서 아이디어를 얻을 수 있다.

문화도시는 어떻게 만들어지는가

우리나라 문화도시 사업의 현황은 어떤가?

현재 문화체육관광부가 주관하는 문화도시 조성사업은 지역문화진흥법에 근거한 법정도시다. 지역 스스로 중·장기적 관점에서 도시 문화환경을 기획하고 단계적으로 실현해나갈 수 있도록 중앙정부가 국비와 지방비 매칭으로 지정된 도시별로 5년간 100~200억 원의 예산을 지원하는 사업이다. 문화도시를 만들어가는 과정에서 도시에 살고 있는 사람들 스스로 지역의 문제를 진단하고 지역사회의 각 분야 리더와 시민들이 참여하는 도시문화 거버넌스를 중시한다. 2021년 강원 강릉시 등 5곳과 2020년 7곳을 포함해 총 12개 도시가 선정되었다.

기본 분야	관련법 근거	세부 분야(예시)
역사전통 중심형	문화재보호법 / 고도보존육성특별법 등	역사/전통 등
예술 중심형	문화예술진흥법 등	문학/미술/음악/무용/연극/ 국악/사진/건축/어문 등
문화산업 중심형	문화산업진흥기본법 등	영상/음악/게임/출판/광고/만화/ 대중문화예술/문화콘텐츠 등
사회문화 중심형	지역문화진흥법, 국민여가활성화기본법, 인문학 및 인문정신문화의 진흥에 관한 법률 등	생활문화/여가/인문/문화교육/ 다문화/시민문화 등
지역 자율형	문화도시조성 관련법 일반	기본 분야 융·복합/생태문화 등 지역별 특성을 고려해 제시

〈자료: 문화체육관광부〉

전문가들은 기존 문화도시 조성사업은 국가 균형발전 전략 차원에서 지역사회 자체의 필요가 아닌 중앙정부의 정책 요구에 따라 진행되어온 점을 꾸준히 지적해왔다. 정부도 이런 문제점을 인식하고 사업 방향을 중앙 주도와 관 중심의 상의하달 방식이 아닌 지역중심 시민주도형 도시문화 거버넌스 방식으로 전환한다고 밝혔다. 지역 스스로 문화도시의 기반을 만들고 국가가 이를 승인하는 방향으로 전환한 것은 분명 한 단계 진전을 이루었다고 생각한다. 다만, 도시에 살고 있는 주민들과 외부인들로부터 문화도시로 인정받고 있는 유럽 등의 선진국 사례와 달리 문화도시의 방향 설정과 예산 지원을 국가로부터 승인받는다는 점에서 도시의 자기결정권과 책임성을 추구하는 분권과 자치의 관점에서 볼 때 문화도시를 추진하는 과정에 다양성과 지속가능성, 지역의 정체성이 담보될 수 있는지 의문과 함께 아쉬움이 남는다.

문화도시는 어떻게 만들어지는가?

문화도시를 어떻게 만들 수 있을지를 논하기에 앞서 전제되어야 할 사항이 있다. 우리가 추구하는 문화도시가 무엇인지 그에 도달하기 위한 방향과 목적을 명확히 하는 것이다. 나도삼 연구위원은 앞에서 말한 대로 문화도시는 '도시를 근본적으로 변환시키기 위한 것'이라며 우리나라 대부분의 문화도시들은 도시가 가지고 있는 이기심을 치유하거나 전통성과 공동체성, 미학, 창의성 등의 문화적 조건을 만드는 작업보다 단순히 문화적 관점에서 문화이벤트와 관광산업 육성, 문화시설 건립 등에 집중해왔다고 비판한다. 그러면서 문화도시가 추구하는 방향으로 우선 새로운 것보다 기존의 것을 정비하고, 두 번째로 계획의 목표를 도시성 회복에 맞추고, 마지막으로 창의도시로 전환하는 문제도 고려할 것을 제안하고 있다. 권순석 대표도 역시 같은 맥락에서 "문화도시는 단순한 문화예술 사업을 넘어선다"라며 "지역민의 일상에 근거한 삶을 디자인하는 도시전략이자 도시 비전으로 이해하는 것이 맞다"라고 말했다.(권순석, 《전환의 시대, 문화도시를 고민하다》, 문화저널, 2021년 3월호.)

종합하면, 더 나은 도시를 만들고, 그 안에서 살아가는 시민들의 삶의 질을 향상시키기 위해서는 문화도시를 문화적 관점에서만 바라볼 것이 아니다. 교육, 일자리, 교통, 디자인, 도시재생 등 시민들의 삶을 결정하는 도시 구성의 핵심 요소들에 대해 통합적 관점에서 접근할 필요가 있다. 물론 여기에는 추상적 담론이 아니라 시민들의 일상생활을 풍요롭게 하고, 공동체가 바람직한 방향으로 흐를 수 있는 실질적 대안 중심으로 진행되어야 한다.

'문화의 기본 토대를 세우는 것'이 문화도시의 시작이다

기본 토대는 원칙을 세우고 지키는 데서 시작된다. 문화 분야에서 갖고 있는 원칙이 있다. '지원하되, 간섭하지 않는다'라는 팔 길이 원칙

(Arm's Length Principle)이 그 주요 예다. 문화는 자율성과 다양성이라는 가치를 지니고 있다. 행정이 앞장서는 순간 타율적이며 획일적인 도시가 되어버리고 만다. 현재 우리나라의 어느 도시를 가도 비슷한 모습을 보게 되는 것은 관 주도의 도시계획으로부터 발생한 결과다. 정부주도의 하향식 방식으로는 한계가 있다. 지속가능한 문화도시가 되기 위해서는 주민참여를 기반으로 민간과 전문가가 주도하고 행정이 지원하는 방식이 되어야 한다. 문화도시는 최종적으로 달성할 수 있는 결과물이 아닌 지속적으로 변화하는 도시환경을 인간적인 방향으로 혁신하는 '과정'이라고 할 것이다. 따라서 시민들의 주도적 참여 하에 어떤 도시를 만들지에 대한 개방적 논의가 필요하다.

문화는 우리 삶의 총체다

시민들의 문화 역량을 키워야 한다

도시의 역량은 그곳에서 살고 있는 '사람'에 의해 결정된다. 문화예술 교육은 도시 안에서 서로 다른 배경과 관심을 가진 수많은 사람이 함께 살아가는 데 필요한 가치인 '다름'을 인정하는 다양성을 추구한다. 그리고 이 시대가 요구하는 창의력과 유연한 사고를 키워 새로운 시각으로 문제를 해결하는 능력을 갖추게 한다. 하지만 우리나라의 문화예술 교육은 입시를 위한 국·영·수 과목에 항상 뒷전으로 밀려나 있다. 도시를 근본적으로 바꿀 가장 중요한 힘은 문화예술 교육으로부터 나온다. UPI 사진기자였던 짐 허버드는 미국 대도시 노숙자 수용소에서 사는 아이들에게 사진교육을 시키는 슈팅 백(Shooting Back) 프로그램을 통해, 팀 롤린스는 뉴욕 빈민가 학교에서 미술교육을 통해 아이들에게 희망을 주고 지역사회를 변화시키고 있다. 게릴라 아티스트 뱅크시는 벽에 그리는 '낙서화'를 통해 아동폭력, 전쟁과 폭력에의 저항, 대량소비 사회 비판, 환경오염에 대한 경고 등 각종 사회 모순을 고발하고 있다.(이태호, 《미술, 세상을 바꾸다》, 미술문화, 2015.)

이처럼 우리나라 도시들도 문화도시로 나아가기 위해서는 청소년 문화예술 1인 1기 프로젝트 등 아이들을 위한 문화예술 교육을 힘차게 추진해야 한다. 성인들을 위한 문화예술 동아리 모임도 꾸준히 지원해야 한다. 대부분의 지역 행사와 축제는 전문가와 외부인 중심으로 열린다. 물론 좀 더 나은 행사와 축제를 위해서는 개방적인 시각이 필요하다. 다만, 축제와 행사를 진행할 때 시민 참여를 확대하고, 행사와 관련된 아카데미를 개최해 관심 있는 사람들에게 배움과 성숙의 기회를 주어야 한다.

〈뱅크시 작품〉

 문화를 통한 '공동체 회복'에도 관심을 가져야 한다. 문화도시를 만드는 목적은 도시를 더 나은 사회로 혁신시키는 것이다. 수십 년 동안 치열한 경쟁과 경제성장 중심 사회로 진행된 결과, 주거 형태 등 전반적인 도시 구조가 주민 간의 갈등과 불평등을 심화시키는 방향으로 전개되었다. 아파트 생활의 편리함과 장점이 존재하지만 아직도 층간소음으로 많은 이웃이 서로 힘들어 하고 있다. 특히 아이가 있는 집안은 항상 아이와 이웃에게 미안한 마음을 갖고 살아가야 한다. 그러면서 정부는 출산장려정책을 시행한다. 공동체를 건강하게 만들 수 있도록 도시계획을 수립하는 한편, 이웃을 존중하는 아파트 생활, 주차질서 등 함께 살아가는 공동체를 위한 문화캠페인 등을 추진할 필요가 있다.

도시 안에 있는 문화예술 자원들도 '다시 보아야' 한다. 우리는 지금까지 도시를 개발론적 관점에서만 바라보는 경향이 있었다. 도시에 있는 자원들을 활용하고, 재활용하는 관점이 아니라 새로 만드는 데만 집중해왔다. 이제 성숙하고 매력 있는 문화도시로 가기 위해서는 개발 중심 관점에서 벗어나야 한다. 기존 문화행사와 축제, 문화예술 교육과 공간 등을 이전과 다른 관점에서 재정의하고, 시민 중심의 문화도시가 추구하는 가치와 목적에 적합하도록 각종 문화예술 자원을 새롭게 포지셔닝해야 한다. 우리는 저출산과 고령화, 저성장 시대에 살고 있다. 도시 인구 구조와 경제 상황이 이전과는 판이하게 흘러가고 있다. 공원, 녹지, 숲 등의 생태자원과 도서관, 미술관, 전시관 등 각 도시가 갖고 있는 문화자원을 변화하는 삶의 조건과 연계해 차별성 있는 도시 콘셉트로 재탄생시켜야 한다.

도시 안에 있는 문화자원을 '발견하고 모으는 것'이 필요하다. '아는 만큼 보인다'라는 말이 있다. 도시를 잘 들여다보면 우리가 몰랐던 문화예술인과 문화예술 자원들이 많다. 전수조사를 통해 도시에 존재하는 문화예술 종사자, 단체, 문화예술 공간, 각종 문화예술 프로그램과 콘텐츠를 찾아 모아야 한다. 우선 문화계 종사자로는 문화기획자, 음악·미술 분야 전문예술인, 문화 관련 종사자, 생활문화 관련자 등이 있다. 문화예술 관련 단체로는 전문예술 법인, 공공기관, 교육기관, 기업, 생활문화 단체 등이 있다. 공공과 사립을 포함한 역사문화유산, 미술관, 박물관, 생활문화예술 공간, 평생학습관, 도서관, 공원과 숲 등 다양한 문화예술 공간이 존재한다. 문화예술 프로그램으로는 행사, 축제, 공연, 강연, 전시 등이 있다. 이처럼 수많은 문화예술 관련 종사자와 공간, 프로그램이 있다. 발견하지 못하고 있을 뿐이다.

발견해 모은 문화 콘텐츠와 공간 등을 시민들의 삶의 질 향상과 도시혁신을 위해 '활용하는 것'이 문화도시를 추진하는 근본 취지에 적합하다. 연결의 시대이자 플랫폼의 시대다. 페이스북은 세상 사람들을 연결하고 콘텐츠와 생각을 공유한다. 넷플릭스는 영화라는 테마로 전 세계인과 소통하고 있다. 각자 이야기와 콘텐츠를 가진 플랫폼의 힘이다. 도시 내에 존재하지만 흩어져 있는 수많은 사람과 프로그램들, 공간들을 연결하는 문화예술 플랫폼을 만들어야 한다. 플랫폼 안에서 문화예술인은 자신만의 색채를 가진 콘텐츠를 생산하고, 시민들은 다양한 문화예술을 향유하며, 도시는 좀 더 성숙한 사회로 나아가기 위한 생각을 공유하고 함께 실행해갈 수 있다. 창작-생산-유통-향유로 이어지는 도시 문화예술 생태계를 조성하고 활성화시키자는 것이다. 문화예술인, 단체, 공간, 프로그램이 포함된 지역 문화예술 지도를 만드는 것이 출발점이 될 것이다.

문화로 먹고 사는 도시를 만들어야 한다

한국문화관광연구원에 의하면 풍부한 문화 자산으로 유명한 그리스 관광 기여도는 2019년 기준 GDP의 약 21%를 차지한다. 우리나라 인접국인 중국은 10.9%, 일본도 7.5%에 달한다. 한국은 2.8%로 2019년 관련 통계 51개국 중 최하위였다. 그만큼 문화관광 분야의 시장이 취약하다는 뜻이다. 이제 문화를 바라보는 눈을 넓혀야 한다. 시장의 관점, 즉 문화로 먹고 살 수 있는 틀을 만들어야 한다. 문화가 단지 문화유산 보존, 행사와 축제, 관광 등 한정된 범위에서 머물지 말고 도시재생, 걷고 싶은 거리 만들기, 공원조성, 평생학습 등 도시를 구성하는 모든 요소와 접목되어야 한다. 특히 젊은 인재들은 문화도시에 살고 싶어한다. 좋은 기업은 재능 있고 창조적인 인재들이 모인 곳에 자리잡고 싶어한다. 문화와 지역경제가 선순환을 가질 수 있다.

유럽 문화도시들을 방문해보면 정기적인 문화예술 마켓이 있다. 매주 지역 주민들이 만든 공예품과 예술품을 전시하고, 농산물 직거래 시장을 열고 푸드트럭에서 맛있는 음식을 먹으면서 버스킹 음악을 듣는

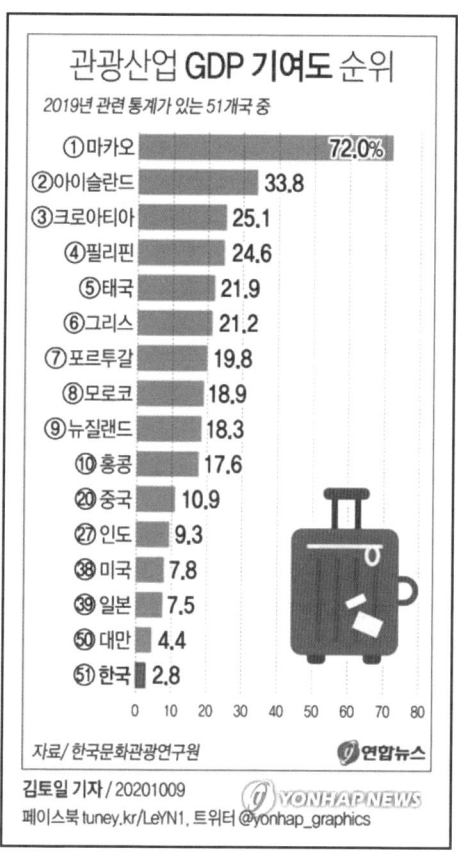

〈출처: 연합뉴스 / 자료: 한국문화관광연구원〉

문화장터를 말한다. 양평 문호리에서 매월 셋째 주 토요일 개최되는 '리버마켓(River Market)'이 있다. 김인선 한국사회적기업진흥원장에 의하면, 리버마켓은 몇 가지 원칙을 갖고 운영된다. 모든 행사는 민간이 주도하고, 행정은 합법적으로 운영될 수 있도록 지원만 한다. 정부 예산 지원도 없다. 지원을 받으면 망한다는 생각을 갖고 있다고 한다. '안 팔리면 왜 안 팔리는지'에 대해 참여자와 소비자의 피드백을 통해 지속적으로 학습해 나간다. 마켓 참여에서도 지역민과 외지인, 작가와 농부 간의 비율이 적정한지 고려한다. 모든 비용은 참여자들이 부담하고, 마무리 청소까지 참여자의 몫이다. 마켓이 추구하는 정신이 자신의 가치에 대한 존중에 기반하고 있기 때문이란다.(김인선, '농부와 예술가의 아름다운 동행', 이로운넷, 2020.2.18.) 이처럼 수준 있는 문화예술 마켓은 생산자에게는 일자리가 되고, 소비자는 만족을 느끼고, 도시는 가치를 높이게 한다.

마지막으로 문화행사와 축제에서 항상 발생하는 '구태와 관행을 버려야' 한다. 혁신은 구태와 관행을 끊어낼 때 시작된다. 문화시민, 문화도시를 지향한다고 하기에는 낯부끄러운 행태와 관행이 많다. 우선 지역 행사장에 가면 불필요한 의전이 너무 많다. 정치인 소개와 인사말부터 시작한다. 누구를 먼저 소개하느냐, 앞자리에 누구를 앉히느냐가 행사의 성공을 좌우할 정도다. 부끄럽고 창피하다. 행사 주관하는 문화예술인들과 도시의 주인인 시민들은 뒷전이다. 한편, 축제와 행사를 추진할 경우에도 가장 잘할 수 있는 문화예술인과 단체가 수행하는 것이 아니라 지역에 있는 단체별로 '나눠먹기 식' 사업이 관행적으로 이어져오고 있다. 관 주도 행사의 폐해다. 철저히 수요자인 시민 중심으로 전환되어야 한다. 공공이 주도하는 대부분의 문화 행사는 성공의 척도가 관객 만족도와 행사의 질 향상에 있지 않다. 단순히 참가객 수가 많고, 적음으로 평가한다. 문화도시에 걸맞은 평가 기준부터 세워야 한다. 문화도시는 양적인 성장만으로 이루어질 수 없기 때문이다. 조명래 교수는 "도시의 행정 자체가 비민주적이고 반문화적인 상태에서는 그 어떤 문화도시 만들기도 불가능하다"라고 말한다.(조명래,《문화도시만들기의 문제점과 특성화 전략》, NGO 연구 제5권 제1호, 2007.) 도시행정을 담당하는 사람들, 특히 문화행정 담당자들이 가슴 깊이 새겨야 할 문구다.

앞에서 말한 바와 같이 최근 많은 도시들이 문화도시를 지향하고 있다. 문화를 활용해 시민들의 삶을 변화시키고, 도시를 혁신시키기 위한 가장 좋은 방법이기 때문이다. 그리고 그 속에 우리가 바라는 미래도시의 모습이 담겨 있다. 지금까지 우리는 문화를 시간과 경제적 여유가 있을 때 즐기는 무엇, 즉 개인 영역에 지나치게 한정해 바라보았는지 생각해봐야 한다. 문화는 삶의 총체다. 즐거울 때나 힘들 때나 문화는 항상 우리 곁에 존재한다. 아니, 어려울 때일수록 더 필요한 것이 문화의 힘이다. 하지만 사회적 위기가 닥쳤을 때 문화는 더 위축된 모습을 보였다. 아직 우리는 문화의 힘을 제대로 모르거나, 제대로 활용하지 못한 것은 아닐까? 더 나은 삶과 더 성숙한 사회로 나아가기 위해 가장 필요한 것은 다름 아닌 문화의 힘을 제대로 인식하는 것이다.

문화는 도시를 바꾸고, 도시는 내 삶을 바꾼다. 내 삶을 바꾸는 문화도시가 넥스트시티다.

6장
기업하기좋은도시

일자리는 먹고사는 문제다

좋은 일자리는 좋은 기업이 만든다

도시는 인재를 유치해야 한다

도시 관점의 변화가 핵심이다

일자리는 먹고사는 문제다

먹고사는 문제는 개인과 사회 모두에게 가장 중요한 일이다

일자리는 무엇을 하며 먹고 사느냐는 문제다. '최고의 복지는 일자리'라는 말이 있다. 여기에는 단순히 생계유지 차원을 넘어 일자리가 있을 때 남의 도움을 받지 않고 자립해나갈 수 있으며 자존감을 갖고 보람 있는 삶을 살아갈 수 있다는 의미를 담고 있다. 지역사회도 역시 일자리가 살기 좋은 도시의 초석이며 시대적 과제인 경제와 복지 문제를 한 번에 해결할 수 있는 최선의 방안이다.

인구 21만 명의 작은 도시 이천에 SK하이닉스라는 글로벌 기업이 자리잡고 있다. 2018년 기준 총 임직원 수가 18,000여 명에 이른다. SK하이닉스가 처음 사업을 시작하던 1983년, 이천시 인구는 11만 명 정도였고 기업체 수는 100여 개였다. 30여 년이 지난 2014년 인구는 약 21만 명으로 2배 늘었고 기업체 수는 895개로 약 9배 증가했다. 인구만 증가한 것이 아니라 지역 자체가 젊어졌다. 도자기와 쌀로 유명한 도시가 최첨단 기술인 반도체 도시로 탈바꿈한 것이다.(서울경제, '기업투자가 지역경제를 살린다', 2014.08.19.)

SK하이닉스 M16 공장 개요	
면적	53,000㎡(축구장 8.5개 면적)
투자액	총 20조 원(공장 건설비용 3조5,000억 원)
가동 시기	2020년 10월
생산 품목	10나노 초반대 D램 등 차세대 반도체
생산유발 효과	80조 2,000억 원
고용창출 효과	34만 8,000명
근무 인원	2,000~3,000명

〈자료: 동아닷컴〉

　긍정적 효과는 여기서 그치지 않는다. 이천시는 2018년 법인 지방소득세 명목으로 3,576억 원을 거둬들였다. 그중 SK하이닉스가 3,279억 원을 납부해 징수액의 92%를 차지했다. 반면, 비슷한 인구 규모를 가진 경기도 한 A시의 2018년도 총 세입은 1,813억 원이다. SK하이닉스 1개 기업이 납부한 세금이 한 도시가 거둬들인 총 세금보다 약 2배 많다. 좋은 기업을 보유한 도시가 일자리는 물론 지역경제 활성화와 세수 확보에도 큰 도움이 되고 있다는 것을 상징적으로 보여주는 사례다. 이러한 이유로 많은 도시가 '기업 유치'에 사활을 걸고 있다.

그렇다면 기업은 어떤 도시를 원할까?

각 도시가 기업 유치에 공을 들여도 기업들이 모든 도시로 가지 않을 것이다. 당연한 말이지만, 기업은 기업하기 좋은 환경을 갖춘 도시를 선택할 것이다. 특히 젊은 인재들이 많이 모인 곳을 우선적으로 판단할 것이다. 기업 유치를 위해 여기저기 뛰어다닌 적이 있다. 좋은 기업이어서 그런지 유치를 위해 뛰어든 도시가 많아 4파전, 5파전이라는 소리가 들렸다. 하지만 기업 관계자와 대화해보니 기업 입장에서는 2~3곳은 아예 고려할 대상에 넣지도 않았다고 했다. 땅값은 싸지만 인재를 구하기가 쉽지 않기 때문이었다.

그렇다면 젊은이들은 어떤 기업을 원할까? 단순히 보수가 좋다는 이유로 일자리를 선택하지는 않을 것이다. 어디서 일하는가도 중요하게 생각한다. 유병준 교수는 '건강한 일자리'가 무엇인지에 대한 연구를 통해 직업을 구하는 사람들이 급여 수준 대비 일하는 장소를 중시한다는 것을 알아냈다. 이는 많은 젊은이가 직업을 선택할 때 있어서 보수 외에도 문화 향유와 친구들과의 만남 등도 중요한 결정 요소로 본다는 뜻이다.(중소기업뉴스, '젊은이들이 선호하는 직장과 중소기업', 2019.11.18.)

제조업 중심의 산업화 시대에서 지식정보화 시대로 빠르게 이동하고 있다

　기업들은 생존하기 위해 혁신에 혁신을 거듭하고 있다. 자동차 한 대 소유하지 않은 '우버'가 세계 최고의 모빌리티 업체이고 호텔이나 콘도 하나 보유하지 않은 '에어비앤비'가 세계 최대의 숙박업체인 시대가 도래했다. 혁신기업들은 이전과 다른 관점에서 새로운 비즈니스 모델을 만든다. 이 기업들은 소비자에게 단순히 물건만 파는 것이 아니라 색다른 경험을 제공하는 데 목표를 둔다. 이런 비즈니스 트렌드 전환에 따라 일자리에도 거대한 변화가 오고 있다. 인공지능, 로봇, 드론 등의 혁신기술들이 새로운 일자리를 만들어내는 한편, 기존 일자리를 빠르게 대체하고 있다.

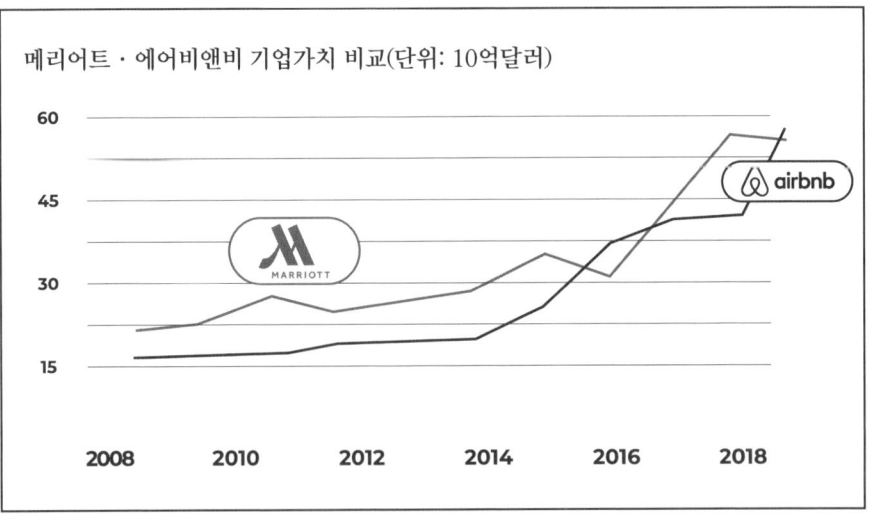

〈자료: VRMintel〉

전통경제학에서 생산의 3대 요소는 토지, 노동, 자본이었지만, 지식정보화 사회에서는 사람, 아이디어, 지식이다. 새로운 생산 3요소가 되고 있다. 기술이나 자본이 없어 상품을 못 만드는 것이 아니라, 아이디어와 지식이 없어 상품을 못 만들거나 못 파는 시대가 온 것이다. 그만큼 인재가 중요하다. 급변하는 산업 환경을 제대로 읽지 못하거나, 방향을 잘못 잡은 기업들은 빠르게 도태되고 있다. 도시도 예외가 아니다.

좋은 일자리는 좋은 기업이 만든다

엔리코 모레티가 쓴 《직업의 지리학》에 두 도시 이야기가 나온다. 시애틀과 뉴멕시코주 앨버커키다. 앨버커키는 대부분 들어보지 못한 도시일 것이다. 빌 게이츠가 마이크로소프트사를 창업한 도시다. 마이크로소프트사는 몇 년 후 시애틀로 회사를 옮겼다. 작은 기업에 불과하던 마이크로소프트 이전은 당시 대수롭지 않은 일이었지만 수십 년이 지난 지금 시애틀이 미국에서 가장 혁신적인 도시로 자리매김하는 데 큰 역할을 했다. 엔리코의 저서에 따르면 처음에는 비슷한 수준이던 두 도시가 작은 기업 이전과 같은, 그 시점에서는 인식하기 어려울 정도의 작은 차이들이 하나씩 쌓이면서 어떤 도시는 혁신적인 기업과 인재들이 모여드는 도시가 된 반면, 그렇지 못한 도시들은 반대 상황으로 흐르는 경향이 있다고 한다.

우리나라에도 비슷한 상황에 놓인 두 도시가 있다

반월시화 국가산업단지와 판교 테크노밸리 이야기다. 여기서 어떤 도시가 우월하고, 어떤 도시가 쇠퇴한다고 말하려는 것이 아니다. 중앙정부나 지방정부가 경제와 산업 흐름이 어떻게 변화하고 있는지, 그에 따라 어느 방향으로 정책을 입안하고 실행해야 하는지에 대한 명확한 현실인식이 도시의 지속적인 성장에 얼마나 중요한가를 지적하고 싶을 뿐이다. 한국산업단지공단에 따르면 2019년 반월시화산단(면적 3,800만 제곱미터) 생산액은 60조 2,963억 원으로 2014년 86조 6,313억 원에 비해 약 26조 3,000억 원 감소했다. 가동률과 고용률도 2014년 반월 77.9%, 시화 75.8%에서 각각 67.1%와 66.7%로 10% 가량 하락했다. 종사자 수도 역시 2014년 29만 5,000명에서 23만 7,000명으로 약 6만 명이 줄었다.(경기일보, '몰락하는 반월시화국가산업단지', 2020.10.15.)

반월시화산단을 방문해보면 출·퇴근하기가 어렵고, 먹거리와 즐길거리도 부족하며 공장지역의 환경오염으로 근무환경도 열악하다는 것을 쉽게 느낄 수 있다. 요즘 젊은 인재들이 찾고 있는 기업환경과는 거리가 멀다. 중앙정부가 '스마트 산단'이니, 'ICT, 소부장 융합 차세대 전진기지' 등 네이밍을 바꾸며 개선책을 내놓고 있지만 젊은이들을 끌어들일 수 있는 근본적인 변화 없이는 쉽지 않아 보인다.

반면, 경기도 경제과학진흥원이 실시한 '2019년도 판교 테크노밸리 실태조사'에 의하면 2011년부터 입주를 시작한 판교 테크노밸리(면적 66만 제곱미터로 반월시화산단 규모의 1/50도 안됨)는 2018년 말 기준 입주 기업 수는 총1,309개로 IT 기업이 863개 사이고, 문화기술(CT) 기업이 175개 사로 이들이 차지하는 비중은 전체 기업의 79.3%를 차지한다. 그 다음으로 바이오기술(BT) 기업이 165개로 12.6%에 달한다. 90% 이상이 첨단 업종이다. 판교 테크노밸리 입주 임직원은 총 63,050명으로 30대가 46.52%, 20대가 19.52%로 전체 기업 임직원의 66% 비중을 차지하고 있다. 입주 기업 매출액은 총 87조 5,000억 원에 이른다. 네이버, 엔씨소프트, 포스코ICT, SK케미칼 등 젊은 인재들이 선호하는 미래 전망이 좋은 기업과 일자리가 한곳에 모여 있다.

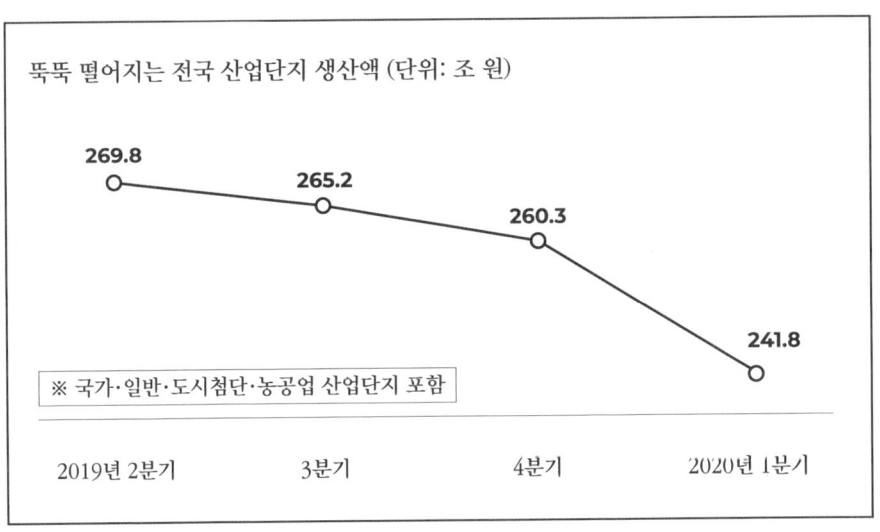

〈자료: 한국산업단지공단〉

반월시화산단 해당 도시들은 기업하기 좋은 여건을 만들기 위해 노력하고 있다. 기업지원 담당부서를 설치하여 기업의 애로사항을 해결해나가고 있다. 기업들이 요구하는 규제완화를 중앙정부에 건의하고, 주차·교통 인프라를 개선하기 위해 중앙부처에 관련 예산을 요청하기도 한다.

휴식 공간과 미세먼지 저감장치 설치 등 노동환경도 개선해나가고 있다. 그럼에도 불구하고 상황은 호전되지 않고, 오히려 악화되는 느낌이다. 이런 사례들이 시사하는 것은 기업하기 좋은 도시를 만들기 위해서는 단순히 기업에게 무엇을 지원할지 고민하기 전에 앞서 각 도시들은 그들이 어떤 위치에 서 있는지 냉철히 분석하고, 시대의 큰 흐름에 따라 어느 '방향'으로 갈 것인지를 설정하는 것이 훨씬 더 중요하다는 점이다. 이런 측면에서 변화하는 사회경제 환경에 맞추어 일자리와 기업에 대한 도시정부의 관점과 역할을 재정립할 필요가 있다.

좋은 일자리는 좋은 기업이 만든다

공공 일자리는 비정규직을 양산할 뿐이다. 지속가능성이 없다. 경제와 일자리에 관한 한 민간기업이 주도하고 정부는 지원하는 역할에 충실해야 한다. 세계경제포럼에 의하면 로봇과학, 인공지능, 생명과학 등 4차 산업혁명 시대의 발전된 기술로 인해 초등학생의 65%는 현재 없는 일자리에서 일하게 될 것으로 전망하고 있다.(중앙일보, '초등학교 입학생의 65%, 현재 없는 일자리에서 일한다', 2016.1.19.) 사회 모든 분야에서 20~30년 후 어떤 변화가 일어날지 예측하기 어렵다는 의미를 담고 있다. 교육을 포함해 경제, 노동, 환경 등 사회 전 분야가 변화에 대한 준비를 하지 않으면 살아남기 힘들 것이다.

도시는 인재를 유치해야 한다

변화에 가장 빠르게 적응하는 것은 기업이다

　변화와 혁신을 선도하는 것도 기업이다. 따라서 민간이 혁신을 주도할 수 있도록 정부는 지원하는 역할에 충실해야 한다. 그럼에도 불구하고 정부가 공공배달 앱, 제로페이 등 민간이 훨씬 효율적으로 수행하는 분야에까지 '공공'이라는 미명하에 개입하고 있다. 그동안 기업이 하고 있는 분야에 행정이 개입한 유사한 사례에 비춰볼 때 실패할 가능성이 크다. 더 심각한 문제는 실패 여부가 아니라 이런 일들이 정부가 해야 하는 것인가에 있다. 정부는 심판 또는 조정을 하는 역할이지 링 위에 직접 올라 시장과 경쟁하는 상대가 아니다. 시장과 경쟁해 이길 수도 없다. 시장이 실패한 곳 또는 경쟁에서 탈락한 자들을 일으켜 세우는 것이 공공의 역할이다.

　10년 전, 한 고등학생이 경기도 교통 데이터를 활용해 시민들에게 편리한 버스 앱을 만들었다. 하지만 경기도는 데이터 사용을 막아버렸다. 행정이 제공해야 할 교통 서비스를 고등학생이 만들어 무료로 제공한 것을 불법 데이터 사용으로 판단한 것이다. 데이터는 시민의 것이다. 세금으로 사용하여 민간 데이터를 모은 것이다. 데이터를 모든 사람에게 개방해 민간이 상업적이든 공공적이든 건전한 범위 안에서 창의적으로 활용할 수 있도록 시스템을 구축하는 것이 정부의 역할이다.

청년(24~34세) 10명 중 7명(69.6%)이 대학을 졸업한다. OECD 국가 중 가장 높다. OECD 평균은 44.3%이다. 하지만 대졸자 취업률은 OECD 평균에도 못 미치는 것으로 나타났다.(중앙일보, '한국 대졸 비율은 OECD 중 1위, 취업률, 평균에도 못 미쳐', 2019.1.10.) 이처럼 사회에서는 일자리가 부족하다고 난리다. 하지만 정작 청년들이 가고 싶어하는 기업에서는 마땅한 사람이 없다고 아우성이다. 국내 굴지의 플랫폼 기업인 네이버와 카카오 대표는 인공지능 전문인력은 고사하고 원재료인 데이터를 다룰 인재조차 확보하기 어렵다고 하소연한다.

한국데이터산업진흥원에 의하면 2023년까지 데이터 관련 인력은 2만 2,600명이 부족할 것으로 예상되고, 인공지능에는 2만 5,000명, 클라우드에는 7,800명이 부족할 것으로 예측했다. 중국 기업 알리바바 데이터 전문가 규모가 우리나라 전체보다 많다고 한다. 그 이유로는 수도권 입학정원 규제의 영향이 크다고 한다. 일자리가 정부의 가장 핵심적인 정책이라고 하지만 정작 우선순위에서는 뒤쳐지는 현실이다.(중앙일보, '"돈, 장비 다 있는데 사람이 없다" 네이버·카카오 대표의 호소', 2020.11.15.)

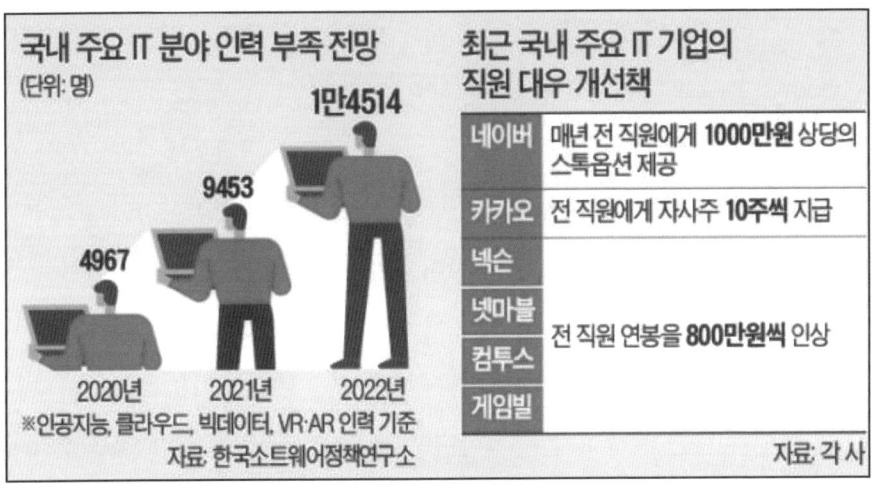

〈출처: 한국경제〉

지식과 정보가 기반이 되는 사회로 전환되었다

    기업이 필요로 하는 인재를 육성하고, 일자리를 늘리기 위해서는 교육 내용과 방식이 근본적으로 바뀌어야 한다. 빅데이터, 반도체, 인공지능, 사물인터넷 등 첨단 기술을 장착한 기업이 세계 경제시장을 선도하고 있다. 기업이나 사회가 요구하는 지식이 변하고 있는 것이다. 그 변화의 속도와 폭은 이전 시대와는 비교할 수 없을 정도다. 전문가들은 향후 현대인들은 평생 동안 걸쳐 직업을 적어도 6~7개 가질 것으로 전망한다.

토머스 프리드만은 "변화의 속도를 따라갈 수 있을까?"라는 질문을 한 후 농업 경제에서 땅이 자산이고, 산업 경제에서는 물리적 자본, 서비스 경제에서는 디자인·소프트웨어·특허 같은 무형자산이 새로운 유형의 자산으로 등장했다고 말한다. 그러면서 '지식과 인간 중심의 경제에서 그 자산은 재능과 기술, 암묵적인 노하우, 공감, 창의력 같은 인적 자본'으로, '교육기관과 노동시장은 그런 상황에 적응해야' 한다고 말했다.(토머스 프리드먼,《늦어서 고마워》, 21세기북스, 2019.)

하지만 우리는 아직도 산업화 시대에 태어난 입시 위주의 교육체제와 암기 위주의 교육방식에서 벗어나지 못하고 있다. 다른 나라의 도시와 기업은 뛰고 있는데 우리는 그 자리에 머물고 있는 것이다. 머문다는 것은 곧 퇴보를 의미한다. 혁신은 변화에 대한 인식과 수용으로부터 시작된다. 교실에 머무는 교육으로는 살아남을 수 없다. 창의력과 소프트 파워가 중시되는 4차 산업혁명 시대에 적합한 인재를 키우고, 확보하기 위해서는 도시 정부의 적극적인 역할이 필요하다. 기업과 함께 평생 일할 수 있는 능력을 키우는 학습 플랫폼, 즉 평생학습 도시를 만들어야 한다.

지금부터 도시는 인재를 유치해야 한다

에드워드 글레이저에 의하면 많은 도시들이 새로운 스타디움, 경전철

시스템, 주택사업 같은 대규모 건설 사업을 통해 발전을 추구하는 실수를 한다고 지적하면서 도시의 위대함은 그곳 사람들로부터 나온다며 '건물'이 아닌 '인간' 중심의 도시개혁을 강조했다.(에드워드 글레이저,《도시의 승리》, 해냄출판사, 2011.) 대부분의 우리나라 도시들은 여전히 도로건설, 하천공사, 택지개발, 지하철 건설 등 대규모 토목공사를 통해 도시발전을 꾀하고 있다. 사람의 중요성을 외치면서도 아직도 하드웨어 중심의 산업시대 관점과 관행에 머물고, 공급자 시각에서 벗어나지 못하고 있다. 젊은 인재들은 삶의 질을 높일 수 있는 도시로 이동한다. 좋은 기업들은 인재들이 모인 곳으로 움직인다.

김태경 경기연구원 연구위원은 "판교 테크노밸리가 성공할 수 있었던 가장 중요한 요인은 경쟁력 있는 기업의 유치와 해당 기업에서 일하는 창조적 인재들의 집중을 유도한 점"이라고 분석했다. 그러면서 경제와 문화도시가 되기 위해서는 시민들이 이용하기 편리하고 쉴 수 있는 공공시설과 녹지공간, 문화와 여가 시설 등 창조적 인재들이 즐겁게 머물 수 있는 공산들을 지속적으로 확대하는 것이 필요하다고 조언한다.(서울경제, '판교 테크노밸리의 성공 요인과 서울 경제에의 시사점', 2015. 4.)

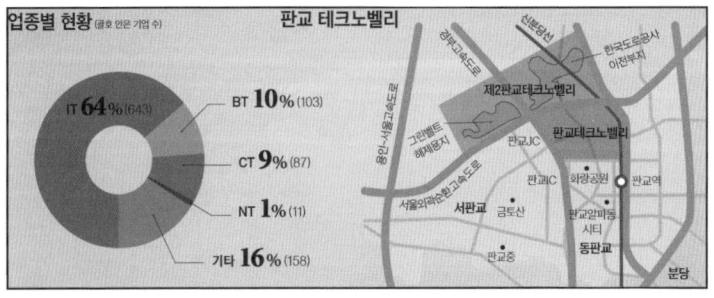

〈출처: 포브스 중앙시사매거진〉

도시 관점의 변화가 핵심이다

젊은 인재가 모여들기 위해서는 도시의 다양성과 개방성, 문화적 요소가 중요하다. 모종린 교수는 "강소도시가 진정 '큰 기업을 유치하는 도시'로 발전하려면 문화적 조건이 물질적 조건만큼 중요하다"라고 말한다. 그는 세계적인 기업을 품은 도시들을 분석한 후, 기업과 함께 성공한 도시의 공통 분모로 각 도시가 갖고 있는 독특한 라이프 스타일을 견지하면서 외부 인재와 문화에 개방적이고, 세계와의 경쟁에 적극적인 점을 들었다. 그러면서 성공 조건의 마침표는 혁신적 '기업가 정신'을 소유한 리더의 중요성이라고 했다.(모종린, 《작은 도시, 큰 기업》, 알에이치코리아, 2014.)

혁신산업 생태계 조성에도 노력해야 한다

지식정보화 경제체제는 대규모 제조업 중심에서 벗어나 소규모 스타트업들이 협업과 융합으로 연결되어 있는 네트워크 구조로 되어 있다. 따라서 신 성장동력 산업의 초석이 될 스타트업에 주목해야 한다. 도시가 스타트업 지원 정책에 관심을 두어야 하는 이유는 창업 활동을 통해 이루어낸 새로운 비즈니스가 경쟁 우위에 영향을 미쳐 지역경제를 활성화시키기 때문이다.(문미성, 《창업생태계의 개념과 공간적 함의》, 국토 제456호, 2019년 10월호.) 혁신산업 생태계는 이전의 도로, 설비 등 하드웨어 중심이 아니라 지식과 경험, 노하우 등 소프트웨어 중심 지원 방식을 중시한다. 구체적으로 스타트업 교육, 네트워킹 데이, 창업공간 제공, 엔젤투자와 액셀러레이터, VC(Venture Capital) 등 일련의 산업생태계를 위한 지원을 말한다. 스타트업은 도전과 혁신을 가치로 삼기 때문에 실패할 가능성도 크며, 실패가 성공의 디딤돌이 되는 구조다. 따라서 실패를 용인하고 장려하는 한편, 재도전을 가능하게 하는 시스템도 갖추어야 한다.

도시는 첨단기업들이 입지할 수 있는 공간을 마련하는 것이 중요하다. 판교 테크노밸리 성공에는 여러 요인이 있지만 그중 가장 중요한 것은 지역정부의 적극적인 역할이다. 경기도가 계획부터 사업 시행까지 전 과정을 주도했으며, 수익성을 추구하지 않고 기업을 위해 최대한 저렴하게 용지를 공급한 것이다. 특히 당시 중앙정부와 협의 과정에서 경기도는 330만제곱미터를 요구했지만 건설교통부는 1/10인 33만제곱미터 이상은 안 된다고 난색을 표했다. 경기도가 적극적으로 중앙정부를 설득하고 집요하게 요구한 결과, 66만제곱미터에 최종 합의했다.(조선일보, '판교 테크노밸리의 경쟁력과 한계…', 2017.12.4.) 하지만 불과 10년도 채 안 되어 기업들이 입주할 공간이 부족해 판교 2~3단지를 조성하고 있다. '경기도가 당초 요구했던 규모로 했으면 지역과 국가 경제에 엄청난 효과를 가져왔을 텐데'라는 아쉬움이 남는다. 최근 주택 공급을 위한 그린벨트 해제는 많이 이루어지고 있지만, 기업 공간을 위한 논의는 거의 없는 현실이다. 일자리가 그렇게 중요하다고 말은 하지만 정작 아직도 아파트 건설을 위한 부수적 역할로 기업 입지가 결정되는 수준에 머물고 있다. 젊은 층이 원하는 일자리를 만들어내기 위해서는 첨단기업들이 입지할 수 있는 공간조성이 정책의 우선순위가 되어야 바람직한 정책 방향인데, 우리는 그 순서가 뒤바뀌어 있다는 느낌이 강하다.

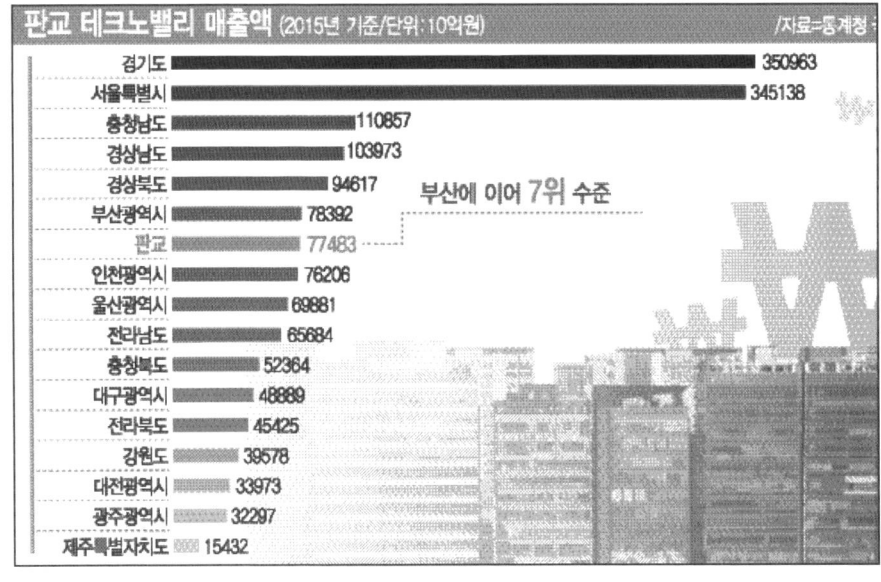

〈출처: 인천일보〉

한국경제연구원은 지난 2017년도에 기업이 도시의 성장과 쇠퇴를 가름하는 중요한 역할을 한다는 연구 결과를 발표했다. 기업 활동이 활발한 도시가 부진한 도시보다 일자리 창출과 삶의 질 향상은 물론 세수확보와 인구성장에도 도움이 된다는 것이다.(뉴시스, '기업, 도시 성장·쇠퇴를 가름하는 요인', 2017.9.18.) 세계적 기업인 삼성전자가 둥지를 튼 도시에서 근무한 경험이 있다. 좋은 일자리를 가진 사람들이 많이 사는 동네여서 그런지 주거환경은 물론 학군도 좋았다. 삼성전자 앞의 골목상점들은 장사도 잘 되었다. 세금도 많이 납부해 해당 지자체 살림살이도 다른 지자체와 비교할 때 풍요로웠다. 이처럼 기업과 도시가 함께 성장할 때 도시는 살기 좋은 곳이 된다.

정부의 불필요한 기업규제 완화, 투자지원, 도로와 항만 등 인프라 확충, 원만한 노사관계 등 기업하기 좋은 환경을 갖추는 것은 일자리 창출과 지역경제 활성화라는 시대적 과제를 해결하기 위한 기본 전제다. 따라서 대부분의 지방정부들은 기업하기 좋은 도시를 표방하며 그런 정책을 추진해오고 있다. 그럼에도 흥하는 도시와 그렇지 못한 도시로 나뉘고 있다. 지난 수십 년간 우리나라 기업들은 산업화 시대, 성장시대를 거쳐왔다. 차이는 있지만 많은 기업이 성장을 거듭했다.

이제 지식정보화 시대, 성숙시대로 접어들고 있다. 소비자가 요구하는 업종과 수준도 달라졌다. 인재들이 요구하는 일에 대한 내용과 기업을 바라보는 시각도 달라졌다. 무조건 '열심히'만 한다고 성공하는 시대가 아니다. 양적 성장 중심의 사고와 체제로는 시대가 요구하는 일자리 창출과 지속적 성장을 담보할 수 없다. 도시의 관점 전환이 필요하다.

세계 경제의 글로벌화가 진행될수록 국가 간 경쟁을 넘어 도시 간 경쟁으로 변화하고 있다. 도시 간 경쟁의 최전선에 서 있는 것은 기업들이다. 실리콘밸리와 판교 테크노밸리 사례에서 보듯이 좋은 기업은 인재들이 모인 곳에 자리 잡을 수밖에 없다. 리처드 플로리다는 "도시의 성공 열쇠는 기업을 유치하는 것이 아니라 인재를 끌어들이고 유지하는 것"이라며, 보행친화적인 거리, 공원, 문화예술 공간 등 살기 편한 곳과 카페, 레스토랑 등 사람들이 모일 수 있는 공간이 많은 곳을 인재들이 선호한다고 한다. 결국 살기 좋은 곳이 기업하기 좋은 곳이다.

도시의 미래는 일자리에 있다. 좋은 일자리는 개인의 삶의 질을 높이고, 더 나은 도시를 만든다. 좋은 기업이 좋은 일자리를 만든다. 기업하기 좋은 도시가 넥스트시티다.

7장
평생학습도시

변화에 뒤처지는 대한민국 교육

평생학습은 시대의 요구다

배움을 설계하고 실천하는 주체로

우리 자신을 위한 배움의 시작

변화에 뒤처지는 대한민국 교육

"교육은 단 한사람을 위한 것입니다"

'평생학습' 하면 떠오르는 말이다. 대한민국만큼 교육열이 높은 국가도 별로 없을 것이다. 40~50년 전 자녀를 대학에 보내기 위해서라면 가족의 중요한 자산이자, 농사를 짓는 데 가장 필수적인 소도 팔 정도로 교육에 매달렸던 나라다. 전쟁을 치르는 중에도 학교 문은 열렸다. 전쟁의 폐허에서, 천연자원이 거의 없는 국가에서 유례없는 경제성장으로 선진국가의 문턱에 도달한 것도 교육을 중시한 결과다. 이처럼 교육은 사람과 사회를 성장시키는 가장 중요한 수단이다.

산업화 시대까지만 해도 학교에서 배운 지식만으로도 세상을 살아가는 데 큰 지장이 없었다. 사회 변화의 속도와 폭이 그리 크지 않아 점진적으로 배움을 더해가는 사회였다. 하지만 최근 사회, 경제, 문화 등 모든 방면에서 변화의 속도와 폭은 이전 시대와 비교하기 어려울 정도다. 멀리 갈 것도 없이 10년 전과 비교해볼 때 라이프스타일, 경제·사회 구조는 실로 엄청난 변화를 거듭하고 있다. 그렇다면 미래 10년은 어떤 모습으로 우리에게 다가올지 예측할 수 있을까? 어느 누구도 쉽지 않을 것이다. 다만, 추측할 수 있는 것은 이런 변화가 일시적인 유행은 아니라는 것이다. 흐름 자체가 변화하고 있다.

교육 분야는 변화의 흐름에서 뒤처지고 있다

우리 교육 현실은 여전히 산업화 시대의 가치와 방식에 머물고 있다. 가르치는 사람과 배우는 사람의 역할과 권한이 명확히 구분되어 있다. 토론식 교육방법보다 암기 위주의 일방적인 주입식 교육에 익숙하다. 다양한 관점에서 문제해결 과정을 찾아가는 것이 아니라, 질문 자체가 정해진 답의 맞고 틀림을 요구한다. 입시 위주의 경쟁시스템으로 학교는 인성을 함양시키거나 다양한 분야의 재능을 발굴하는 데는 별로 관심이 없는 듯하다. 예체능은 국·영·수에 저만치 밀려난 상태다. 대학도 서열로 굳어져 수십 년간 변화가 없다. 사회 모든 분야가 고객들에게 좀 더 나은 서비스를 제공하기 위해 치열하게 경쟁하는데 대학은 변화의 필요성 자체를 느끼지 못하고 있는 것 같아 아쉬울 뿐이다.

교육 분야가 변한다면 다행이지만, 변하지 않더라도 지금까지 받아온 교육 방식은 빠르게 물러날 것이다. 기존 교육 내용과 방식, 교실이라는 한정된 공간으로부터 벗어나지 않는다면 개인이나 사회 모두 직면한 과제를 해결할 수 없기 때문이다. 시대가 아무리 변해도 변하지 않는 '본질'이 있다. 교육의 본질은 삶의 모든 현장에서 배움을 통해 바람직한 인간을 양성하고, 더 나은 사회를 만들어가는 것이라고 생각한다. 하지만 우리 교육 현실은 사회 도처에 깔려 있는 지나친 경쟁과 양극화 현상을 치유하기는커녕 오히려 교육이 조장한다는 의심이 들 만큼 삶의 현장과 괴리되어 있다. 기회의 사다리가 부러졌다는 말이 나온다. 기회의 사다리가 곧 교육이다. 교육의 내용과 방식이 본질을 담아내지 못하는 상황에 처한 것이다.

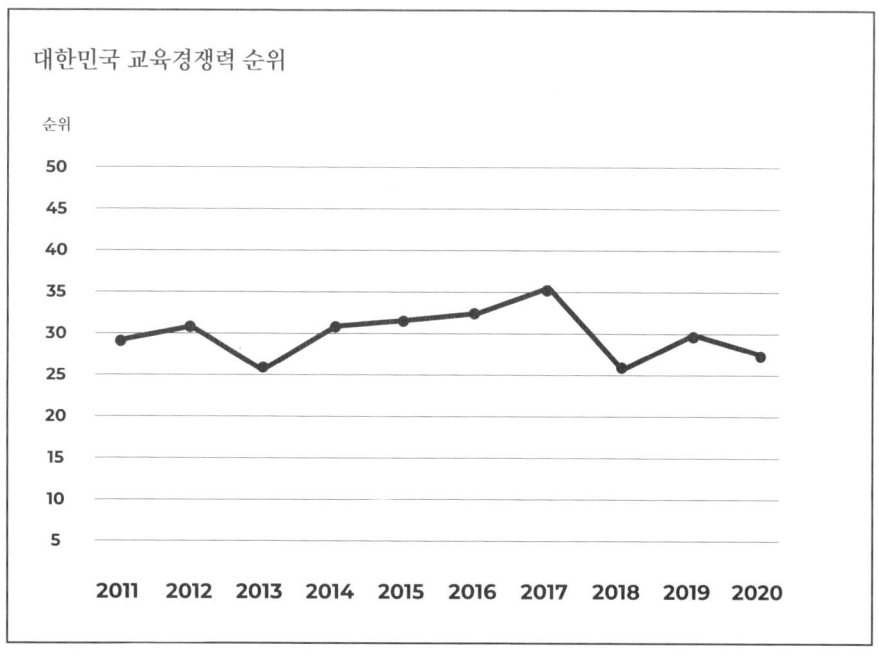

〈자료: IMD 교육경쟁력분 보고〉

평생학습은 시대의 요구다

산업화 시대를 넘어 지식정보화 시대로 들어선 지 오래다

기존에 사람이 하던 일자리는 로봇과 인공지능, 빅데이터가 대신하고 있다. 암기와 기능 습득 위주의 전통적인 학교교육 방식으로는 4차 산업혁명이 몰고 온 기술혁신의 속도를 따라갈 수 없다. 다른 한편, 저출산, 고령화로 사회 인구 구성도 달라지고 있다. 저출산 시대로 학생 수가 현격히 줄어들고 있다. 벚꽃 피는 순서대로 대학이 사라진다고 한다. 100세 시대도 왔다. 은퇴 후 30~40년은 더 살아야 한다. 적어도 70세까지는 경제적 수입이 있어야 노후생활이 가능하다는 말이 나온다. 인생 이모작 시대가 온 것이다. 이처럼 변화의 속도가 빨라질수록, 인간의 수명이 길어질수록 평생 배워야 하고, 평생 일할 능력을 갖출 것이 요구된다. 평생학습이 갈수록 중시되는 이유다.

평생학습의 등장으로 '교육'의 시대에서 '학습'의 시대로 서서히 바뀌고 있다. 학생 시절에만 공부하던 시대에서 전 생애를 걸쳐 배워야 하는 시대다. 가르치는 사람과 배우는 사람의 관계도 일방적이었는데, 이제는 쌍방적 관계를 넘어 이름도 얼굴도 알 수 없는 수많은 사람으로부터 배우는 집단지성으로 발전하고 있다. 사회 곳곳에서 암기 위주의 주입식 교육이 아닌 토론 방식 수업이 진행되고 있다. 학습공간도 학교 강의실이라는 한정된 공간에서 벗어나 텃밭, 상가 등 삶의 현장으로 확대되고 있다. 오프라인뿐만 아니라 온라인을 이용해 언제 어디서나 배움이 가능해졌다. 이론 중심의 교육에서 개인의 삶과 공동체 문제를 해결하기 위해 실용과 이론이 융합되는 배움으로 진전되고 있다. 학습에서 가장 중요한 '배우는 사람'을 보는 관점도 단순히 수동적 의미의 '교육생'에서 적극적이고 능동적인 '학습자'로 전환되고 있다. 김신일 교수는 "교육과 학습이 같은 것 아니냐고 말하는 사람들이 적지 않겠지만, 두 활동은 분명히 다르다. 학습은 배우는 활동이고 교육은 가르치는 활동이다"라고 말한다.(김신일,《학습사회》, 학이시습, 2020.)

평생학습의 문턱은 더 낮아져야 한다

교육부와 한국교육개발원이 공동 조사한 '2020년 국가평생교육통계'에 의하면 2020년 평생학습 참여율은 40.4%로 성인 10명 중 4명이 평생학습에 참여하고 있다. 10년 전인 2010년 30.5%와 비교할 때 10%가량 증가했다. 연령별로는 청년층(25~34세) 참여율이 50.2%로 고령층(65~79세) 참여율 29.5%보다 20% 이상 높은 것으로 나타났다. 소득수준별로는 고소득층(월평균가구소득 500만 원 이상) 참여율이 45.5%로 저소득층(월평균 가구소득 150만 원 미만) 참여율 29.7%보다 15%이상 높은 것으로 조사되었다. 평생학습 불참 사유로는 '직장 업무로 인한 시간부족'이 54.2%로 가장 높게 나타났고, '가까운 거리에 교육훈련기관이 없어서'가 19.1%, '가족부양에 따른 시간부족'이 16.1%로 그 뒤를 이었다. 평생학습 기관 수는 4,541개로 10년 전인 2010년 3,213곳에서 1,300여 곳이 늘었다.

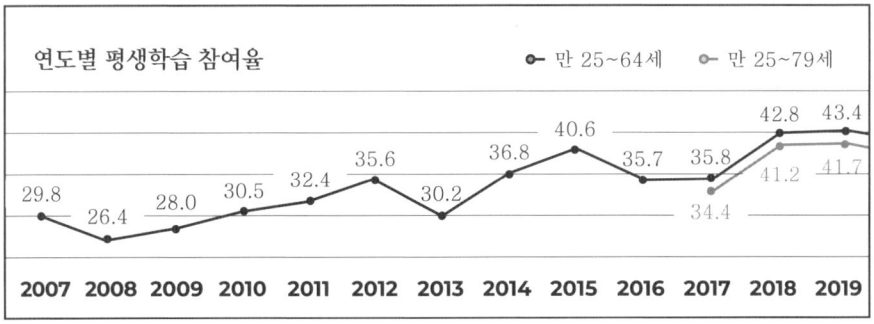

〈2020년 국가 평생교육 통계〉

종합해보면 평생학습 참여율은 꾸준히 증가하고 있지만 소득별, 또는 연령별 등 세부적으로 들여다보면 사회적 약자가 평생학습에서도 참여율이 낮다. 평생학습 목적 중 하나가 사회적 약자를 위한 것이므로 이들에 대한 참여율을 높일 방안을 강구할 필요가 있다. 또한, 불참 사유를 보듯이 '퇴근길 강좌' 등 시간부족으로 참여하지 못하는 시민들을 위한 프로그램을 다방면으로 마련해야 한다. 그리고 평생학습 기관이 지속적으로 증가하고 있지만 시민들이 이용하기 편리한 곳에 좀 더 확대해야 한다는 결과도 보여주고 있다.

배움을 설계하고 실천하는 주체로

 우리나라 평생학습 도시는 2001년 경기도 광명시를 포함해 전국 3곳에서 시범운영으로 시작되었고, 20년이 지난 2020년 기준 전국 226개 기초자치단체 중 총175개 도시가 평생학습 도시로 지정되었다. 지정된 도시는 평생학습 센터를 설치하고, 다양한 프로그램을 통해 주민들의 학습욕구 충족과 지역 내 소통과 협력의 장을 확대하는 데 크게 기여했다는 평가를 받고 있다.(한광식, '평생학습 도시와 글로벌 학습도시 네트워크', 한국대학신문, 2020.5.25.)

 평생학습 도시 중 세계적 명성을 지닌 독일 뮌헨 시민대학을 들여다보면 우리 도시들이 지향해야 할 방향을 가늠해볼 수 있다.(참조: 1.대구광역시 교육청 공식 블로그, 2.동아일보, '인종-국적 차별없는 사회통합의 배움터…연 25만 명 찾아', 2017.10.27.) 독일이 국가경쟁력에서 세계 최고 수준을 지속적으로 유지해오고 있고, 유럽 전역에 불어 닥친 각종 위기도 당당히 극복해나갈 수 있는 배경에는 학교 밖에서 계속되는 평생학습이 큰 역할을 했다. 독일 시민대학은 지역 평생학습의 중심으로 대부분 제1차 세계대전 이후 소외계층에게 좀 더 나은 교육을 제공할 목적으로 설립되었다. 이후 나치 시대를 경험하면서 교육기회 확대를 넘어 민주주의를 가르치고 올바른 시민상을 제시하려고 노력했다. 현재 독일에는 938개의 시민대학이 운영 중인데 일반 교육기관보다 저렴한 비용으로 교육을 받을 수 있다. 영리를 추구하지 않으며, 재정 중 60%를 공적 지원금으로 나머지 40%는 수강생이 부담하도록 되어 있다.

가장 규모가 큰 시민대학은 뮌헨 시민대학으로 개설 강좌 수만 해도 연간 14,000개에 달하며, 강사는 약 3,000명에, 230여 명의 상근 인력이 근무하고 있다. 상근인력 중 신체장애자가 9%에 달해 시민대학이 표방하는 사회통합 이념을 실천하고 있다. 시민대학의 가장 큰 경쟁력은 강사의 전문성으로 수업의 질은 일반 정규대학 수준에 못지 않다. 연간 교육 인원은 25만여 명으로 취미 생활과 교양 등의 기초 학습부터 외국어 강좌와 철학 수업까지 범위가 상당히 넓다. 현직 대학교수, 중·고교 교사, 변호사, 과학자, IT 전문가 등 사회 각 분야의 전문가들도 강사로 참여하고 있다. 시민대학은 수강생과 일방적 관계가 아니라 서로 가진 지식과 능력을 공유하는 공간이다. 세계 정상급 오케스트라 뮌헨 필하모니와 공동으로 파일럿 프로젝트를 진행하기도 한다. 독일 전역 곳곳에 존재하는 공공도서관과 스포츠 클럽도 역시 평생학습의 중요한 토양이 되고 있다.

〈뮌헨 시민대학 홈페이지〉

독일 시민대학의 가장 큰 특징은 '개방성'이다

'Open to All'이라는 슬로건에 걸맞게 인종, 국적, 나이와 관계없이 모든 사람에게 열려 있다. 시민 개개인의 능력 향상을 돕는 교육기관인 동시에 지역사회를 건강하게 유지하는 수단이 되고 있다. 김신일 교수에 의하면 학습은 개인만의 생존과 행복을 위한 것이 아니라, 기업도 새로운 지식과 기술을 끊임없이 습득하지 않으면 경쟁에서 살아남을 수 없고, 지역사회도 역시 풍부한 학습 기회를 제공하지 못하면 주민을 확보할 수 없는 시대라고 한다.(김신일, '학습도시 건설과 지역사회 발전', 강릉시 세미나, 2009.2.27.)

그렇다면 개인의 삶의 질은 물론 기업경쟁력과 지역공동체 성장을 도와주는 평생학습 도시를 어떻게 만들 것인가? 평생학습이 추구하는 철학과 가치를 담아 시민들에게 새로운 배움 방식을 제시해야 한다. 평생학습터는 시민들이 언제 어디서나 편하게 배울 수 있는 곳이 되어야 한다. 이론적 지식에 실용적인 내용과 방식을 더함으로써 기존 학교 교육이 가진 부족함을 채워야 한다. 인생을 살아가는 데 정말 필요하지만, 정작 학교에서는 가르치지 못하는 내용도 포함되어야 한다. 그리고 가르치는 사람과 배우는 사람이 있는 구분되는 구조에서 서로에게, 함께 배우는 구조로 발전되어야 한다.

가르치는 사람이 가장 많이 배운다는 말이 있듯이 모두가 강사이고 모두가 수강생이 되는 구조를 말한다. 누군가 정해준 스케줄과 내용에 따라 일방적으로 교육받는 수동적 의미의 '피교육생'에서 시민 스스로 학습할 주제와 방식 등 배움과 관련된 모든 사항을 계획하는, 말 그대로 '배움을 설계하고 실천하는 주체'로 다시 태어나야 한다. 내 삶의 주인이자, 도시의 주인으로 당당히 서는 것이다. 책상에서만 배우는 기존 교육 방식에서 벗어나 이제는 삶의 현장에서 실행하면서 배우는 방식으로 전환되어야 한다. 소유 시대에서 공유 시대로 빠르게 이행하고 있다. 지식과 공간은 나눌수록 더 커진다. 배움과 나눔을 통해 더 커진 지식은 자신의 삶을 변화시키고, 그 변화는 더 나은 공동체와 도시를 만든다.

우리 자신을 위한 배움의 시작

배움과 관련된 모든 것을 혁신해야 한다

　도시 전체를 학습공간으로 활용해야 한다. 대부분의 도시를 가보면 커다란 건물에 평생학습센터라고 명명하고, 정해진 공간에서 강의하는 방식을 선호하고 있다. 출·퇴근하기도 빠듯한 직장인들과 시간에 쫓기는 소상공인들에게는 접근하기가 쉽지 않다. 시민들이 많이 모이고, 다니기 편한 곳을 강의 공간으로 삼아야 한다. 우선 곳곳에 산재되어 있는 도서관, 주민센터, 보건소, 각종 공공기관 건물들을 평생학습 공간으로 활용할 필요가 있다. 어느 도시는 출·퇴근 길에 배울 수 있도록 지하철 역사에 학습공간을 조성했다. 공원, 저수지, 텃밭, 숲 등을 활용해 살아 있는 현장 학습장으로 만들 수 있다. 마을에 있는 기업뿐만 아니라 카페와 미용실, 애견샵 등 민간시설과 협업을 통해 현장 평생학습 공간으로 공유할 수 있다면 '금상첨화'다. 마을 전체, 도시 전체가 평생학습의 장(場)이 될 수 있기 때문이다. 이럴 때 다양한 시민들의 학습 수요 충족은 물론 시민들이 원하는 곳에서 학습받을 수 있는 환경이 갖춰지는 것이다.

평생학습 강좌도 철저히 시민과 도시 공동체 관점에서 구성되어야 한다. 뮌헨 시민대학 강좌 수가 1만 4,000여 개에 달하듯 시민 스스로가 조직하고, 그들의 학습 수요에 맞도록 다양하게 마련할 필요가 있다. 문해력 향상 등 기초강좌부터 글쓰기, 경제, 과학, 철학 등 전문 강좌까지 학습 수요자 수준에 맞는 단계별 구성도 요구된다.

개인적으로 두 아이 아빠지만 학교나 사회에서 아빠의 역할을 배워본 적이 없다. '가정과 사회공동체에서 가장 기초적인 역할을 담당하는 부모에 대해 미리 알고 준비했더라면 어땠을까'라는 생각이 가끔 든다. 특히 요즘 부모들로부터 학대받는 아이들에 대한 기사를 접할 때마다 '아빠학교', '엄마학교'에 대한 생각이 더 간절하다.

한편, 많은 시민은 영어를 10년 넘게 공부했지만 삶에서 가장 중요한 건강에 대해서는 체계적으로 배운 기억이 없을 것이다. 기초적인 건강 지식 없이 또는 잘못된 건강 상식으로 살아가는 경우가 대부분일 것이다. 시민들을 위한 '건강교실'도 필수다. 4차 산업혁명과 같은 기술의 급격한 발전과 100세 시대의 도래와 같은 사회 환경의 변화로 미래에는 '평생직장'의 개념이 사라지고 평생 한 명이 적어도 6~7개 직장은 다녀야 한다고 학자들은 전망한다. 이런 차원에서 평생학습이 일자리에 대한 안정성도 제공해야 한다. 이제 개인의 삶이 도시 공동체와 떨어져서는 살 수 없다. 건강한 공동체를 위한 시민교육과 디자인, 생태, 기초질서 등 시민이 함께 살아갈 공동체 학습도 강화되어야 한다.

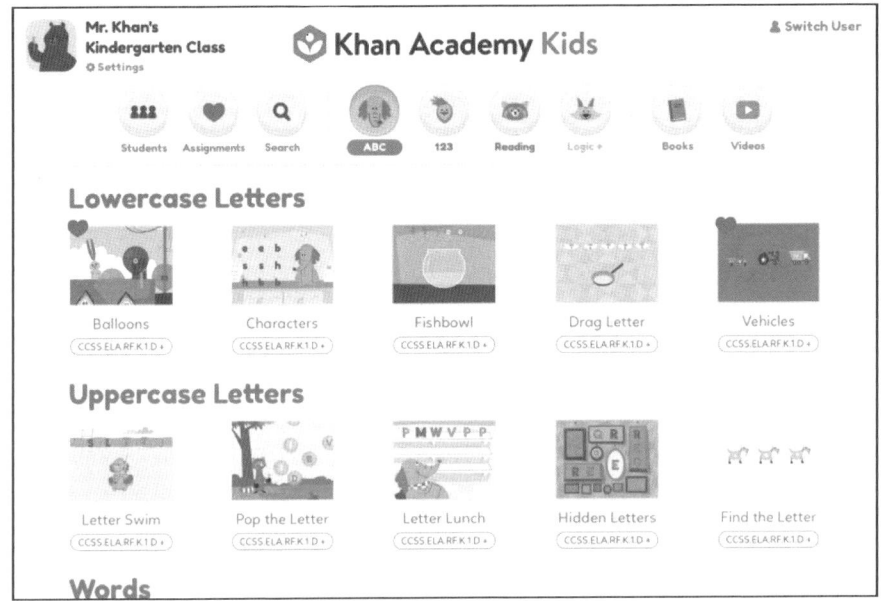

〈Khan-Academy 홈페이지〉

　학습 방식도 강의실에서 하는 지식습득을 위한 일방적 교육이 아닌, 토론 등 생각하는 힘을 기르는 방식과 다양한 사람이 모여 함께 문제를 해결하는 집단지성 방식으로 전환되어야 한다. 고전 100권 읽고 졸업하는 학교로 유명한 미국 세인트존스 대학은 지도하는 교수가 아닌 학생과 함께 학습하는 '튜터'가 있다고 한다. 학생들이 토론을 통해 서로 가르치고, 배우는 방식이다. 스스로 기획하고 참여할 때 가장 많이 배울 수 있다. '열정대학'이라고 20대 젊은이들이 '하고 싶은 일'을 과목으로 만들어 스스로 강사가 되어 서로 도움을 주는 학교가 있었다. 평생학습 기관도 이처럼 혁신적이어야 한다. 시간에 쫓기듯 살아가는 직장인들을 위해 테드(TED), 칸 아카데미(Khan-Academy), 한국형 온라인 공개강좌(K-Mooc) 등 기존 온라인 강의 사이트도 적극 활용할 필요가 있다. 이들은 단순한 온라인 사이트가 아닌 가치 있는 지식 공유를 통해 더 나은 세상을 꿈꾸는 집단지성 플랫폼이기 때문이다.

평생학습 강사의 전문성과 다양성이 요구되고 있다

배움의 폭과 깊이를 위해서는 자신이 원하는 분야와 수준에 맞는 강의를 들어야 하기 때문이다. 앞에서 살펴본 바와 같이 독일 뮌헨 시민대학의 경쟁력은 '강사의 전문성'에 있다. 시민대학 강사들은 국가에서 인정한 자격증을 가져야만 강단에 설 수 있다고 한다. 그러다보니 강사의 수준이 정규대학 수준에 뒤지지 않을 정도로 높아질 수밖에 없고, 자연히 수강생 수준도 높아진다.(금강일보, '뮌헨 시민대학 경쟁력은 '강사의 전문성'', 2014.10.14.) 한편, 마을학교 개념의 강사도 필요하다고 본다. 마을 미용사가 미용선생님이 되고, 파스타 셰프가 파스타 선생님, 전문 목수는 목공선생님이 되는 그야말로 우리 동네 강사를 말한다. 그들의 직장이 곧 강의실이고, 마을 주민이 수강생이고, 강사는 사장님이 하는 마을 학교를 말한다. 지역에서 배우는 사람과 가르치는 사람이 함께 살고, 서로 믿고 의지하며, 성장하는 학습공동체가 될 것이다.

도시는 평생학습을 담당할 기구를 확대해야 한다. 대부분의 도시가 평생학습을 담당하는 부서를 '과' 단위에서 운영하고 있다. 평생학습이 단순 교육과 취미 활동을 지원하는 수준을 넘어서기 위해서는 평생학습과에서 문화와 관광, 도서관, 일자리 등을 총괄하는 '국' 단위 수준으로 격상되어야 한다. 그리고 독일 뮌헨 시민대학과 같이 평생학습을 구체적으로 실행할 공공기관의 설립도 필요하다. 이 경우, 그 도시의 평생학습을 책임질 유능한 학장을 선임해 시민과 전문가들이 함께 운영해가는 조직을 만들어가야 한다. 평생학습에서도 '사람'이 가장 중요하기 때문이다.

개인이 성장하기 위해 반드시 거쳐야 할 관문은 배움이다

개인들이 모여 구성된 도시 공동체도 한 단계 발전하거나 성숙해지기 위해서는 배움이 있어야 한다. 평생학습 도시는 시민들에게 그 자체가 즐거움이자 자아실현의 수단인 배움을 도와주는 것은 물론 일자리, 안전, 민주시민 교육, 공동체 복원, 지구온난화, 도시농업, 도시재생 등 그 지역이 직면하고 있는 다양한 사회문제를 시민 스스로, 함께 해결해나가는 학습 공동체다. 문제가 무엇인지 알아야 요구할 수 있고, 비판할 수 있다. 소극적 시민참여에서 주도적인 시민의 삶을 살아가기 위해서는 배워야 한다. 역사는 말해주고 있다. 배움이 앞선 도시가 세계를 이끌어왔다고.

TV 프로그램을 보던 중에 80세가 넘으신 대한민국 피아노 조율 명장인 분이 "작년보다 금년에 더 발전하고 있어요"라며, "학문에는 끝이 없다"라고 하신 말씀을 들었다. 여든이 넘으셨어도 건강하고 즐겁게 일하는 모습에서 평생학습의 존재 이유를 느낄 수 있었다. 그 말을 들으면서 문득 10여 년 전 경기도 평생교육국장으로 근무하던 때가 떠올랐다. 경기 북부에 한센인 분들이 모여 사는 '장자마을'이 있다. 조사해보니 마을 주민 70%가 글을 모르셨다. 무엇을 배우고 싶은지, 무엇을 원하는지 여쭤보았다. 원하는 것은 간단했다. "손자에게 동화책을 한 권 읽어주고 싶다", "은행에서 내 이름 석 자 쓰고, 비밀번호를 적고 돈 한 번 찾아봤으면 좋겠다."라는 등의 정말 소박한 소원이었다. 하지만 당시 장자마을은 학습할 공간조차 없을 정도로 열악했다. 어느 날 마을회관으로 공부하러 오시지 않는 할머니 한 분에게 왜 안 오시냐고 여쭈니 "저도 배우러 갔어요. 하지만 문을 열려는 순간 내 찌그러진 손을 보며 돌아 올 수밖에 없었어요. 내가 가면 다른 사람들이 불편하잖아요"라고 하신 말씀이 내 가슴을 울렸다.

그리고 대안학교 교장선생님께서 하신 "교육은 딘 한 명을 위한 것입니다!"라는 말 한마디가 내 다리를 움직이게 했다. 그 분을 위한 평생학습관을 만들기 시작했다. 평생학습관이 생기자 소외받던 마을 분들이 좀처럼 입 밖으로 내 본 적 없는 행복과 기쁨이라는 단어를 언급하기 시작했다. 마을에는 활력이 생겨났고 배움이라는 공통의 즐거움이 번져갔다. 이후 소문이 퍼져 경기도 내 한센인 마을 다섯 군데서 평생학습관을 만들어달라는 요청이 들어왔다. 이를 포함해 사할린 동포 정착 마을 등 총 12개 행복학습관이 조성되었다. 평생학습관의 최종 목적은 자립에 있다. 모든 평생학습 마을주민들이 당당히 세상에 목소리를 내기 시작했다. 스스로 마을 리더가 되어 마을의 미래를 결정하고 있다. 평생학습의 힘이다.

토머스 프리드먼은 "우리가 가진 지식과 기술은 어느 때보다 빠르게 낡은 것이 되고 만다. 이런 변화를 가장 잘 관리하는 국가, 기업, 개인은 '평생학습' 체제를 기꺼이 받아들인다"라고 말했다.(토머스 프리드먼, 《늦어서 고마워》, 21세기북스, 2017.) 사회혁신은 변화의 수용과 배움으로 시작된다. 시민과 지역공동체가 함께 배울 수 있는 '지역배움 플랫폼'이 바로 평생학습 도시다. 평생학습 도시로 정착되면 인재가 모일 수밖에 없다. 자연스럽게 좋은 기업들이 모여들 것이다. 사람과 기업과 도시가 함께 성장하기 때문이다. 도시의 미래는 거기에 사는 사람과 조직이 배움에 얼마나 열정을 가졌는가에 달려 있다. 시민들은 학습을 받을 권리가 있다. 도시는 그들의 권리를 보장할 의무가 있다. 넥스트시티는 평생학습 도시다.

8장
고령친화도시

초고령사회 진입을 앞둔 대한민국

위기만 있으라는 법은 없다

우리 모두는 노인이 된다

65세는 노년이 아닌 중년의 출발선이다

초고령사회 진입을 앞둔 대한민국

100세 시대가 도래하고 있다

　지금 태어난 아이들은 120세까지 살 수 있다는 말이 나온다. 오래 산다는 것은 인류 모두의 꿈이었다. 1960년대 이후 눈부신 경제성장으로 가난에서 벗어나 비로소 잘살기 시작했다. 생활수준이 높아지고 의료기술이 발달함에 따라 모두가 바라는 고령화 시대가 왔다. 하지만 우리는 희망을 말하기보다 걱정과 우려를 하고 있다. 오래 산다는 것이 반드시 행복한 것은 아니기 때문이다. 개인과 그들이 살아가고 있는 도시가 고령화 시대에 얼마나 준비되어 있느냐에 따라 장수는 축복이 될 수도 있고 부담이 될 수도 있다.

　인구 고령화는 65세 이상 인구가 총 인구에서 차지하는 비율이 높아지는 것을 말한다. UN은 고령인구 비율이 7%가 넘으면 고령화사회, 14%가 넘으면 고령사회, 20%가 넘으면 초고령사회로 분류한다. 우리 사회는 전체 인구의 20%가 노인이 되는 초고령사회 진입을 눈앞에 두고 있다. 통계청 보도자료(2020.9.28.)에 의하면 2020년 65세 이상 고령인구는 800만 명 선을 넘어 총 812만 5,000명을 기록했다. 이는 우리나라 전체 인구의 15.7%로 2025년에는 20.3%에 달해 초고령사회로 진입하고, 이런 추세가 지속될 경우 40년 후인 2060년에는 43.9%로 절반에 가까운 인구가 고령자로 구성되는 사회가 될 것으로 예측하고 있다.

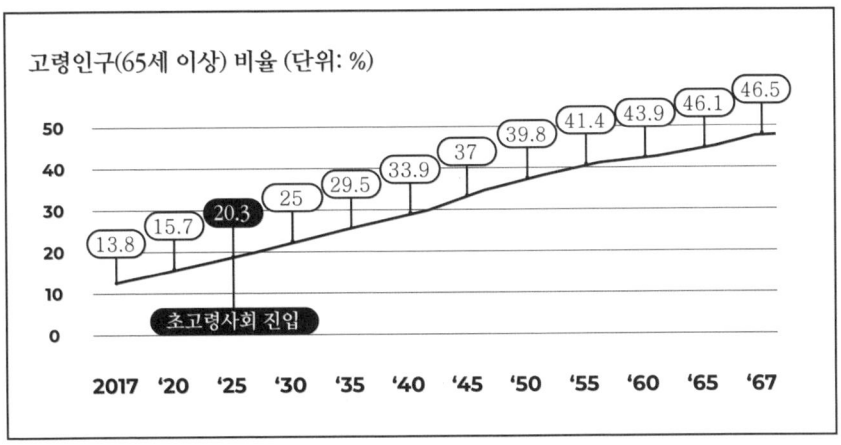

〈자료: 통계청〉

현재 세계에서 인구고령화가 가장 많이 진행된 국가는 이웃 일본이다. 1970년에 65세 이상 인구비율이 7%를 넘어 고령화사회가 되었고, 1994년 14%를 넘어 고령사회가 되었다. 고령화사회에서 고령사회로 이행되는 데 24년이 걸린 것이다. 참고로 프랑스는 115년, 독일은 40년이 걸렸다. 우리나라는 1999년 65세 이상 인구가 차지하는 비율이 7%를 넘겨 '고령화사회'가 되었고, 2017년에는 14%를 넘어 '고령사회'가 되었다. 불과 18년 만에 고령화사회에서 고령사회가 된 것이다. 이처럼 우리나라 인구고령화는 세계에서 유례를 찾아볼 수 없을 정도로 빠르게 진행되고 있다.

인구 고령화 현상은 사회에 부담이다

인구 고령화 현상은 경제 분야에 한정되지 않고 사회 전반에 영향을 미친다. 무엇보다 고령화는 경제활동인구 감소로 직결되기 때문에 노동 공급 부족과 노동생산성 저하로 경제 활력을 둔화시킨다. 아울러 급속히 증가하는 고령인구를 부양하기 위한 연금과 사회복지비용 증가는 재정적 부담을 빠르게 증가시킬 것이다. 이런 경제적 부담은 자칫 세대 간 갈등을 심화시킬 수 있으며, 고령화 문제의 부정적 측면을 강조시키기도 한다. 생산가능인구 비중이 고령자보다 많아 경제발전에 도움이 되던 인구 보너스(bonus) 시대에서 고령자 비중이 높아 오히려 경제적 부담으로 작용하는 인구 오너스(onus) 시대로 전환된다고도 한다.(이재원,《인구고령화, 재앙 아닌 축복으로》, 나라경제, 2017년 12월호.) 고령화 현상은 인구 저출산 경향과 마찬가지로 쉽게 돌파구를 찾기 어려운 구조여서 그 문제의 심각성이 크다.

우리나라 노인 빈곤 문제는 심각하다. 2020년 9월 통계청이 발표한 2020년 고령자 통계에 의하면 2017년 기준 우리나라 노인의 상대적 빈곤율(소득이 중위소득의 50%미만인 계층이 전체 인구에서 차지하는 비중)은 44.0%로 OECD 국가 중 가장 열악하다. 노인 10명 중 4명 이상이 빈곤 상태에 있다는 말이다. 스웨덴은 11.3%에 이르고, 프랑스 3.6%, 노르웨이는 4.3%를 보이는데 비교적 다른 국가에 비해 높다는 미국(23.1%)과 비교해도 빈곤율이 두 배에 달하고 있다.

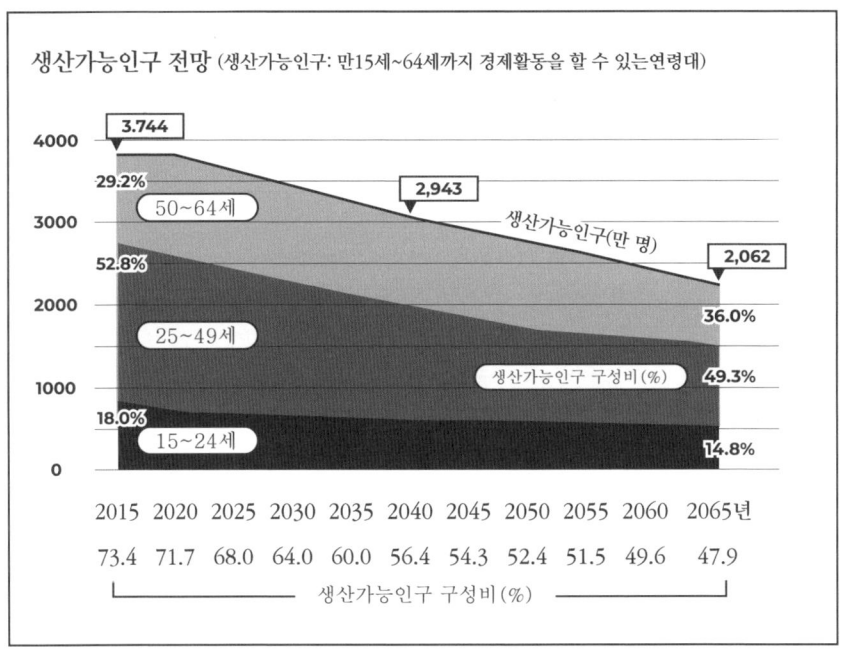

〈자료: 통계청〉

또한, 우리나라 65세 이상 인구 3명 중 1명이 일하고 있지만, 노후 준비가 되어 있다고 응답한 비율은 48.6%로 절반에도 못 미치고 있다.(한국일보, '한국 노인, 3명 중 1명이 일하지만…', 2020.9.29) 절반이 넘는 고령자들이 은퇴 이후 쉽지 않은 삶을 살아가고 있는 것이다. 현 노인빈곤 문제의 핵심은 다른 선진국과 궤를 달리한다는 데 심각성이 있다. 대부분의 한국 부모들은 자녀 사교육비 지출로 인해 재산을 모으기 어렵고, 그나마 있는 재산도 자녀들에게 물려주려는 성향이 강해 정작 자신들의 노후 준비에 소홀할 수밖에 없는 현실이다. 한 세대 전만 하더라도 3대가 함께 살아온 가구가 많았다. 자녀를 위해 모든 것을 희생해온 노부모에 대한 부양은 자녀들의 책임이자 의무로 여기며 살아왔다. 하지만 핵가족화, 출산율 감소, 도시화 등에 따라 많은 자녀가 더는 부모를 모시지 않아 부양 문제는 가족의 문제를 넘어 시급한 사회문제로 부상했다.

이처럼 1999년 고령화사회로 진입한 후 세계에서 가장 빠르게 고령사회가 되었으며, 초고령사회도 코앞으로 다가왔지만 개인적 차원이나, 사회적 차원에서 아직도 이렇다 할 준비를 하지 못하고 있다. 사회에서 가장 중요한 변화 동인은 과학기술의 발전이 아니라 인구 구조의 변화다. 저출산, 고령화라는 거대한 추세는 사회, 경제, 문화 전 분야에서 제도와 시스템의 변화를 요구하고 있다. 하지만 우리 현실은 저출산 고령화라는 메가트렌드는 보지 못하고, 지엽적인 분야에 매달리는 실태다.

위기만 있으라는 법은 없다

인구 고령화를 기회의 측면으로 보는 견해도 있다

폴 어빙은 "개인이나 사회가 장수로부터 얻는 이득은 대단히 많으며, 고령화 사회에서 얻는 경제적 이득은 고령화 사회가 낳는 과제보다 더 중요하다. 우리는 더 오래, 더 건강하게 살게 될 현실을 두려워하지 말고 이를 긍정적인 변화로 받아들여야 한다"라고 조언한다.('글로벌 고령화, 위기인가 기회인가', 아날로그, 2014.)

2020년부터 베이비붐 세대(1955~1963년생) 710만 명이 고령인구로 순차적으로 들어서고 있다. 현재 고령인구 812만 명에 가까운 인구가 유입되고 있는 것이다.(동아일보, '눈앞에 다가온 '베이비붐 세대'의 은퇴⋯.', 2020.4.17.) 앞에서 언급한 대로 고령화 현상이 사회경제적 차원에서 많은 우려를 낳고 있지만, 긍정적으로 바라보는 견해도 있다. 베이버붐 세대들은 1970~1980년대 경제성장을 이끈 주역이며, 민주화에도 주도적으로 참여한 세대로 주체의식과 자신감도 갖고 있다. 그들의 상당수는 고학력자이며, 사회참여에도 적극적인 태도를 띠고 있다. 이들은 또한 삶의 여유와 여가를 중시하는 세대로 역동적 소비 주체가 될 수 있다고 본다.(이기영,《베이비부머, 우리 사회의 신 성장동력으로 만들 것》, 나라경제, 2011년 4월호.)

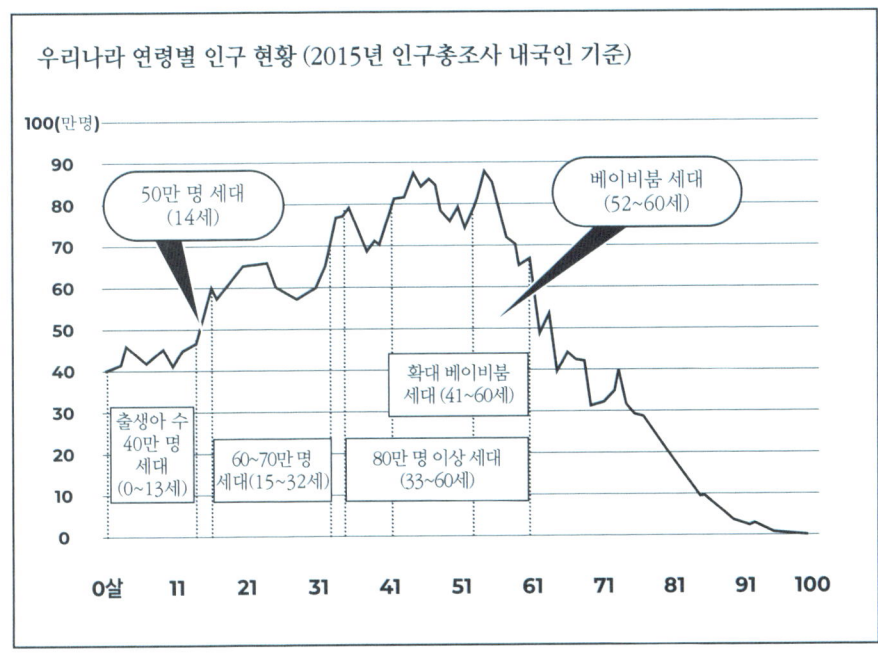

〈자료: 통계청〉

새로 고령층으로 진입하는 세대는 교육수준도 높을 뿐만 아니라 자산도 어느 정도 소유하고 있다. 영화 '버킷리스트'에 출연한 모건 프리먼과 잭 니콜슨처럼 은퇴 후 적극적 삶을 추구하기도 한다. 라이프스타일 자체가 변하고 있는 것이다. 이들 세대를 포함한 고령자 문제를 어떻게 대응하느냐에 따라 차후 미래 한국 사회 성장기반 요소가 될 수 있는 긍정적인 요인으로 작용할 것이다.

궁극적으로 고령자를 비롯한 시민 모두가 살기 좋은 도시환경을 만들어나가야 한다

세계보건기구(WHO)가 전 세계적인 고령화와 도시화 추세에 효과적으로 대응하기 위해 2007년부터 추진해온 글로벌 프로젝트가 있다. 고령친화도시 국제네트워크(Global Network of Age-Friendly Cities & Communities, GNAFCC)가 그것이다. 이 프로젝트는 '활기찬 노년(Active aging)'과 '살던 곳에서 나이들어 감(Aging in place)'을 핵심 가치로 삼고, 도시 안에 살고 있는 고령자들의 삶의 질 향상에 주 목적을 두고 있다. 궁극적으로는 고령자를 비롯한 시민 모두가 살기 좋은 도시환경을 만들어나가는 것이다. 이를 위해 도시 환경 전체를 바라볼 수 있는 거시적 안목과 당사자들 의견 수렴, 관련 부서들의 협력을 중시하고 있다. 과정을 중요하게 바라본다는 것이다.(정은하,《해외의 고령친화도시 정책 사례와 시사점》, 세계와 도시 12호, 2015.)

세계보건기구는 고령친화도시를 달성하기 위한 8대 영역을 제시하고 있다. 첫 번째는 고령자에게 독립적인 생활을 유지하기 위한 '지역사회 지원과 보건', 두 번째는 고령자의 활동성에 영향을 미치는 '교통수단 편의성', 세 번째는 편안하고 안전한 삶을 실현해주는 '주택', 네 번째는 활기찬 노년을 보내기 위한 '사회참여', 다섯 번째는 이동성과 독립성 및 삶의 질과 관련 있는 '외부공간과 시설', 여섯 번째는 다른 연령대 고령자에 대한 태도 및 행동과 관련 있는 '존중과 사회통합', 일곱 번째는 은퇴 후 지속적으로 가족과 사회에 공헌해야 하는 것과 관련된 '시민참여와 고용', 여덟 번째는 소통과 지속적인 정보를 위한 '커뮤니케이션과 정보'다.(김수영 외, 《고령친화도시 행복한 노년》, 미세움, 2017.) 세계보건기구가 추구하는 고령친화도시는 오랫동안 익숙하게 살아온 집과 동네에서 삶을 지속한다는 의미를 담고 있으며, 고령자들을 단순히 돌봄의 대상이라는 수동적 접근에서 독립적인 삶의 주체로 여기는 적극적 시각으로 바꾸는 역할을 했다는 평가를 받고 있다.(백선혜 외, 《노인을 위한 동네》, 서울연구원, 2019.)

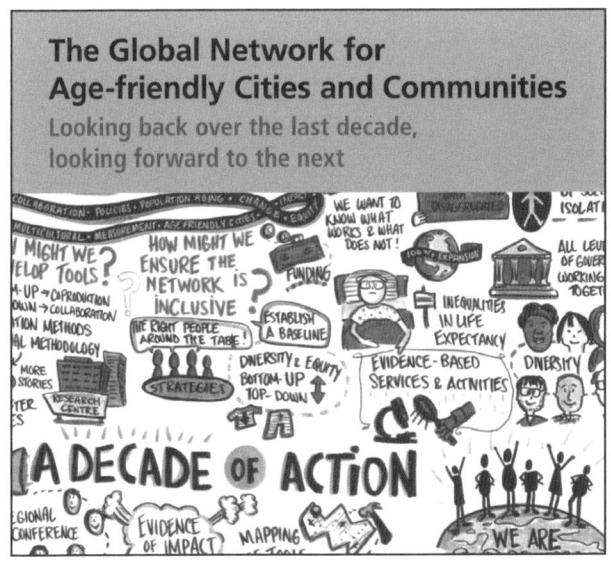

〈Global Network of Age-Friendly Cities & Communities, GNAFCC〉

결국, 우리가 준비하기 나름이다

지금 어떤 선택을 하고, 준비를 하느냐에 따라 다가오는 미래는 희망이 될 수도 있고, 악몽이 될 수도 있다. 선택과 준비의 전제는 고령자를 단순히 배려의 대상이 아닌 적극적인 삶의 주체로 바라보는 것이다. 또한, 고령화를 경제적 관점에서만 보면 문제를 해결할 수 없다. 노후 준비 역시 개인의 노력만으로는 한계가 있다. 고령화 문제는 사람들의 인식과 제도, 시스템이 결합되어 나타난 현상이기 때문이다. 그들이 살고 있는 도시와 중앙정부, 민간이 함께 힘을 모아야 하는 이유다. 특히 나이가 들수록 사람의 신체 기능은 저하되어 활동 범위가 제한된다. 전문가들에 의하면 사람은 나이가 들수록 자신이 살고 있는 장소에 대한 애착과 소속감이 증가한다고 한다.(백선혜 외, 《노인을 위한 동네》, 서울연구원, 2019.) 지금 살고 있는 '마을'이 소중한 삶터가 되어가는 것이다. 세계보건기구가 고령친화도시의 핵심가치로 '살던 곳에서 나이들어 감'으로 삼은 것도 이런 삶의 방식과 살아가는 공간의 중요성 때문일 것이다.

우리 모두는 노인이 된다

'나이 듦'에 얼마나 준비하고 있나

도시는 고령자들이 안전하고 건강하며 독립적으로 살아갈 수 있도록 기반을 마련해야 한다. 그러기 위해서는 공동체 구성원들이 '나이 듦'이 무엇인지 이해할 수 있어야 한다. 우리 모두는 노인이 된다. 하지만 '나이 듦'에 대해 얼마나 알고, 어떻게 준비하고 있는가?라는 질문에 답하기는 쉽지 않다.

사람들은 대부분 '나이 듦'에 대해 정확히 모르고 있다. '나이가 들수록 고집은 왜 그렇게 세지는지? 남들 이야기는 듣지도 않고 왜 자기 말만 하는지?' '건강에 좋지 않다고 말려도 왜 일을 놓지 않는지?' '방 안에 왜 그렇게 많은 살림도구를 놓고 사는지?' 주위에서 많이 보고 경험한 모습들이다. EBS에서 출간한 '100세 수업'을 읽고 나서야, 나이 드신 분들이 왜 그런 행동을 하시는지 알게 되었다. 그것은 바로 신체적 노화 때문이다. '귀가 어두워져 못 알아듣고, 몸이 힘들어도 삶의 마지막까지 자신의 존재와 가치를 지키며 살아가고 싶고, 가능하면 최소한의 에너지로 일상을 살아가기 위한' 것임을, 살면서 부모님과 이웃, 친지 어르신들로부터 항상 봐왔던 모습인데도 이제야 왜 그런 행동들을 하셨는지 조금이나마 이해한 것이다. 눈으로 보는 것과 마음으로 공감하는 것은 다르다는 것을 느꼈다. 사람들은 대부분 자신이 실제 나이가 들어 경험한 후에야 그 행동과 심정을 안다. 안 후에는 준비하기에 너무 늦다.

따라서 개인이나 사회, 국가가 고령화 시대를 준비하려면 '나이 듦'에 대해 알아가는 것부터 시작해야 한다. 평생학습 차원에서 공동체 구성원 모두가 '나이 듦'을 배울 수 있는 기회를 제공해야 한다. 함께 살아가기 위한 연습이다. 나이가 들어감에 따른 신체적 변화와 정서적, 심리적 변화가 미치는 영향을 알아야만 제대로 된 정책이 나올 수 있기 때문이다.

고령자들이 살기 편한 인프라가 필요하다

고령이 될수록 시골보다 도시에 사는 것이 편하다고 한다. 도시에는 의료서비스를 비롯해 복지시설, 경로당 등 공공서비스와 마트 등 편의시설이 사는 집 근처에 모여 있기 때문이다. 하지만 우리 사회 인프라의 대부분은 평균 수명 70세에 맞춰져 있다. 최근 고령자들을 고려한 생활 인프라가 만들어지고 있지만, 턱없이 부족한 실정이다. 나이가 들수록 무릎, 허리 등의 신체 노화로 인해 일상생활을 하는 데 많은 제약이 따른다. 도시는 고령자 스스로 독립적인 생활을 영위할 수 있도록 도로와 대중교통 서비스, 주택서비스 등의 생활 인프라를 고령자 눈높이에 맞게 신설하거나, 재조정해야 한다.

가능하면 계단과 턱이 없는 인도와 건물을 만들어야 한다. 버스도 저상버스로 고령자 혼자 이용할 수 있도록 해야 하며, 인도, 공원, 버스정류장 등 곳곳에 쉬어가기 편하게 벤치도 만들어야 한다. 횡단보도 신호 시간도 조절해야 한다. 주민센터 등에서 서류를 볼 수 있도록 돋보기를 비치하는 것을 넘어 인쇄물의 활자 크기도 키워야 한다.

고령자와 장애인 등 신체적 기능이 약해진 분들의 일상생활에 지장을 초래하는 각종 시설물들의 물리적, 심리적 벽을 없애는 배리어프리(barrier free) 디자인도 요구된다. 한 걸음 더 나아가기 위해서는 고령자만을 위한 생활 인프라가 아닌 모든 연령계층에게 보편적으로 적용되는 편리하고 안전한 환경을 만들어야 한다. 고령자를 위한 시설을 방문한 경험이 있다. 거기에는 TV도 없었고, 모든 분이 의자 생활을 하시고 계셨다. 하루 종일 TV를 시청하서서 조금이라도 신체 활동을 할 수 있도록 TV를 없앴단다. 고령자분들이 '원하는 것'을 제공하는 것도 중요하지만, 그 분들을 '위한' 노력이 더 중요하다는 것을 느꼈다.

고령자분이 가장 우려하는 것은 '건강'일 것이다. 고령자 문제는 노화로부터 시작되기 때문이다. 나이가 들어감에 따라 신체의 모든 부분이 급격히 노화되어 간다. 노화는 신체적인 활동의 제약에 머물지 않는다.

가정과 사회생활 전반에 영향을 미친다. 청력의 쇠퇴는 대화와 소통에 어려움을 주고, 이웃 관계는 물론 부모와 자녀 간의 관계에도 영향을 미친다. 이런 측면에서 고령자들의 건강을 보살필 보건의료 서비스를 지역 가까이 제공해야 한다.

서울에서 65세 이상 고령자들이 가장 많이 찾는 장소 중 하나는 종로 3가 탑골공원이다. 갈 곳이 마땅치 않다는 의미다. 고령자들이 신체적으로 활동할 수 있는 체육 공간, 텃밭 등을 도시 곳곳에 마련해야 한다. 경로당, 노인복지시설, 공원 등 쉽게 접근할 수 있는 도시 공간에 고령자들을 위한 건강 프로그램을 마련해 이웃과 함께 활기찬 일상생활을 영위할 수 있도록 해야 한다.

최고의 복지는 일자리다

고령자를 위한 '좋은 일자리'가 많아져야 한다. 통계청 발표에 의하면 2017년 우리나라 70~74세 고용률은 33.1%에 이른다. OECD 회원국 고용률 평균 15.2%와 비교하면 두 배가 넘는다.(중앙일보, '한국 노인 취업률 세계 1위인데…', 2018.9.28.) 그야말로 압도적이다. 하지만 앞에서 살펴본 바와 같이 빈곤율 역시 가장 높다. 한국 고령자들은 OECD 회원국 중 일은 가장 많이 하는데, 가장 가난하다는 모순적인 상황이 발생하고 있다. 자신이 하고 싶어 일하는 것이 아니라, 생계를 위해 일할 수밖에 없는 처지에 놓인 것이다. 고령자의 경우 일하는 사람들이 치매나 만성질환 등에 걸릴 확률이 확연히 감소한다고 한다. 고령자 개개인의 삶의 만족도가 높아지고, 의료비와 사회복지비용 등의 재정부담도 절감되는 그야말로 일석이조 효과를 볼 수 있는 것이 일자리 정책이다.

예를 들어 아이들 등·하교 시간이나, 학원이 끝나는 늦은 시간에 어르신들이 동네 순찰을 도는 일자리 프로그램은 아이들에게는 '안전'을, 고령자분들에게는 '건강과 일자리'를 제공한다. 좋은 일자리를 제공하기 위해서는 고령자에 대한 편견과 시스템도 바뀌어야 한다. 고령자들의 신체적 건강을 반영해 시간제 일자리와 탄력근무제와 같은 선택적 일자리도 마련할 필요가 있다. 우리나라 고령자 일자리 중 많은 부분이 공공기관에서 제공하는 질 낮은 임시적인 일자리다. 좋은 일자리는 공공보다 민간기업이 만드는 것이라고 생각한다. 민간기업의 참여가 무엇보다 중요한 이유다.

〈자료: 보건복지부〉

65세는 노년이 아닌
중년의 출발선이다

고령화 시대에 해결해야 할 과제 중 하나가 '돌봄' 문제다. 나이가 들수록 자기 삶을 책임지려고 하지만, 모든 상황을 스스로 해결하기에는 신체적으로나 정신적으로 쉽지 않다. 대가족 시대에는 자녀들이 대를 이어 조부모, 부모를 부양했다. 가족 중심의 돌봄체계가 형성되어 있었던 것이다. 핵가족화된 현대사회에서는 더 이상 가족에게만 부양을 맡길 수 없는 상태에 이르렀다. 지역공동체가 돌봄을 실행해야 한다. 대부분의 고령자들은 '살던 곳에서 나이들기'를 원한다. 도시가 중심이 되어야 하는 이유가 여기에 있다.

고령층에게 역할이 필요하다

은퇴 후 제2의 삶을 살아갈 수 있도록 고령자 '사회참여'와 '배움'의 기회를 적극 보장해야 한다. 자원봉사 활동이 그 예가 될 수 있다. 베이비붐세대 700만여 명이 본격적으로 고령자층에 진입하고 있다. 그들이 갖고 있는 지식과 풍부한 경험을 활용해 자원봉사 활동에 적극 참여한다면 은퇴 후 신체적 건강은 물론 자신의 역할을 인정받을 수 있는 자존감을 유지하는 기회가 될 수 있다. 자원봉사 활성화를 위해 1996년부터 자원봉사 점수제를 채택해 운영 중이다.

초창기에는 점수제의 취지대로 자원봉사 활성화에 도움을 주었다. 하지만 갈수록 이 제도가 왜곡되어 가고 있다. 중·고교생 때 70%가 넘게 자원봉사 활동을 하다가, 고등학교를 졸업한 후 20대부터는 10%로 급격히 떨어지고 있다.(동아일보, '자원봉사 점수제의 폐단', 2016.11.17.) 공동체를 위한 활동이 입시를 위한 도구로 성격이 변질되고 있는 것이다. 이런 모습은 오히려 봉사활동의 진정한 의미를 왜곡시키고 있다. 고령자들의 사회참여는 현재의 사회가 안고 있는 시스템을 성숙한 모습으로 혁신시킬 수 있다. 고령자들의 적극적 사회참여와 배움은 그들이 살고 있는 도시를 단순히 고령자를 '위한' 도시를 넘어, 적극적 의미를 내포한 고령자에 '의한' 성숙한 도시로 거듭 태어나는 계기가 될 것이다.

불과 30년 전만 해도 60세가 되면 환갑잔치를 했다. 노인이 되었다는 말이다. 요즘 시골이나 도시 어디를 가도 나이 60으로는 노인 대접을 받지 못한다. 고령화시대가 도래함에 따라 나이에 대한 개념이 바뀌고 있는 것이다. 세계보건기구 역시 나이에 대한 개념을 재정립하고 있다. 65세 이상을 노인으로 정한 것은 1956년 UN 보고서에서 선진국 고령화 수준을 따질 때 65세 이상으로 적용한 것을 기준점으로 보고 있다. 그런데 2015년 UN이 생애 단계별 연령을 재정립했다. 인류의 체질과 변화하는 평균 수명을 고려해 5단계로 나누었다. 17세까지는 미성년자, 17~65세는 청년, 65세 이후부터 79세까지는 중년, 79~99세는 노년, 100세 이상은 장수노인으로 구분하기 시작했다. 이런 점들을 고려해 선진국들은 정년을 연장하거나 폐지하고 있다.(매일경제, '65+는 중년이다', 2018.12.20.)

UN이 발표한 새로운 연령 구분	
1단계	미성년자(Underage)
2단계	청년(Youth)
3단계	중년(Middle-aged)
4단계	노년(Senior)
5단계	장수노인(Long-lived elderly)

〈자료: UN〉

65세는 노년이 아닌 중년의 출발선이다

100세 시대를 넘어 120세 시대를 말하고 있다. 과학기술과 의료기술이 빠르게 발전하고 있다. 기준이 바뀌면 그것을 바라보는 시야와 인식을 전환해야 한다. 그 출발점은 '나이 들어감'에 대한 이해로부터 시작해야 한다. 우리가 살아가고 있는 사회 제도와 시스템, 도시 인프라는 앞에서 말했듯이 100세 시대가 아닌 평균 수명 70세에 맞춰 구성되어 있다. 노년을 바라보는 우리의 인식 틀도 여기서 크게 벗어나지 않을 것이다.

이제 은퇴하고도 평균 30~40년을 더 살아가야 한다. 거기에 더해 전문가조차 10년 후의 사회 모습을 제대로 예측하기 어려울 정도로 세상은 빠르게 변화하고 있다. 이전에 경험해보지 못한 사회가 오고 있다. 인구 변화는 세상을 바꾼다. 개인의 삶과 사회 시스템에 일대 혁신이 일어날 수밖에 없다. 뉴노멀이라고 불리는 이전과 다른 모습의 시대를 지혜롭게 맞기 위해서는 개인이나 사회 모두 다가오는 시대를 통찰하는 영감이 필요하며, 열린 자세가 요구된다.

우리나라의 경우 고령층 분들이 계시는 덕분에 산업화와 민주화를 이루었다. 전쟁과 보릿고개 등 갖은 고난을 이겨낸 분들이다. 우리가 자유롭고, 풍요롭게 살아갈 수 있도록 발판을 만들어주신 분들이다. 생의 후반에 있는 고령자들이 보다 더 존중받고 존엄하게 살아가실 수 있는 사회적 여건을 만드는 것이 우리에게 주어진 역할이자 그것이 곧 우리 자신과 다음 세대를 위한 길이다.

'노인 한 명이 죽으면 도서관 하나가 불타는 것과 같다'라는 아프리카 속담이 있다. 노인이 가진 경험과 지혜를 높이 평가하는 말이다. 고령자들이 삶의 현장에서 쌓아온 경험과 지혜는 세계에서 유례없는 급속한 경제성장기를 거치면서 우리 사회가 놓치고 살아왔던 '더 성숙한 사회'로 나아가기 위한 소중한 자산이며, 고령화시대가 가져올 가장 큰 희망이다. 고령자들이 살기 좋은 도시를 만들면 사회는 더 성숙해질 것이다. 넥스트시티는 성숙한 사회다.

9장
건강도시

왜 건강도시인가

모두의 건강, 모든 정책에서의 건강

건강도시를 위한 현실가능한 실천

왜 건강도시인가

건강하게 오래 사는 것은 모든 사람의 바람일 것이다

"건강을 잃으면 모든 것을 잃는다"라는 말이 있다. 건강해야 자신이 하고 싶은 일을 하며 행복하게 살아갈 수 있다. 코로나 팬데믹 상황이 1년 넘게 이어지고 있고 언제 종식될지 알 수 없는 두려움에 빠져 있다. 생명의 위협을 심각하게 느끼는 상황이 전 세계적으로 장기간 이어지는 경험을 통해 많은 사람이 건강하게 산다는 것, 건강한 환경 속에서 지낸다는 것이 우리 삶에 얼마나 큰 영향을 미치는지 절감했다. 더불어 건강한 사회에 대한 근본적인 질문과 성찰을 하기 시작했다.

건강보험공단 건강보험정책연구원의 '2019년 건강보험제도 국민인식조사'에 따르면, 응답자 중 89.2%는 '건강관리가 중요하다'라고 답했지만, '자신을 위해 건강관리를 하고 있다'고 응답한 비율은 64.1%에 그쳤다. 한편, 동 연구원에 의하면 국민 대부분이 건강관리의 중요성을 인식하고 있지만 건강관리를 개인적 노력의 영역으로 여기는 것으로 분석되었다.

불과 30여 년 전 인구증가를 걱정해 '아들딸 구별 말고 하나만 낳아 잘 기르자'라는 구호를 외쳤다. 그러나 한 세대가 지나가기도 전에 저출산 고령화시대가 우리 앞을 막아서고 있다. 우리가 살고 있는 시대는 하루가 다르게 변하고 있다. 다음 세대를 위해 우리는 무엇을 해야 할까? 건강과 관련해 우리가 직면한 사회현상으로 고려해야 할 사항은 세계에서 가장 빠르게 저출산과 초고령 사회로 진입하고 있으며 도시에 살고 있는 인구 비율이 매우 높다는 점이다. 그리고 많은 국민이 건강을 단순히 개인 영역으로 한정하고 있다는 것이다.

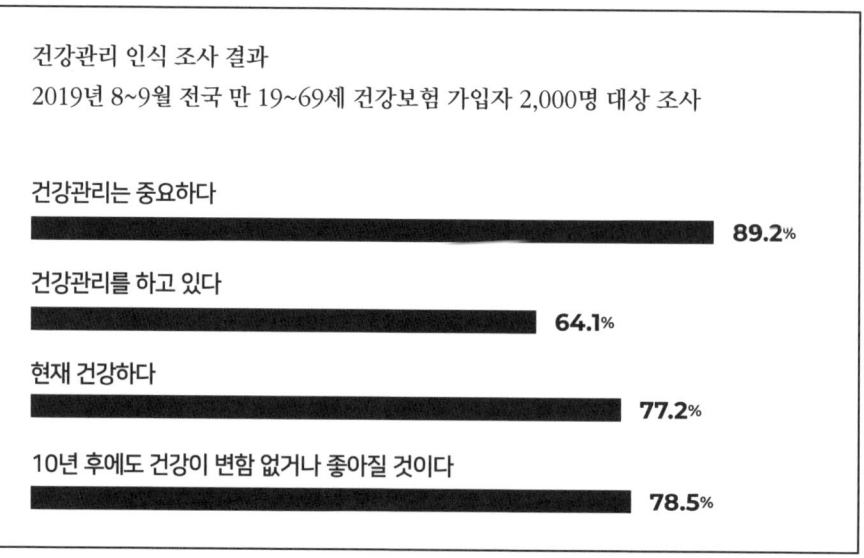

〈출처: 연합뉴스 / 자료: 건강보험공단 건강보험정책연구원〉

대한민국 사회, 100세 시대가 도래하고 있다

2018년, 65세 이상 인구가 14.3%로 우리나라도 이미 고령사회에 진입했다. 2025년에는 65세 이상 인구가 총 인구의 20%를 넘는 초고령사회로 본격적으로 들어서게 된다. 특히, 통계청이 2019년 9월 발표한 '세계와 한국의 인구 현황 및 전망'에 따르면 65세 이상 고령인구 비중은 2045년 37.0%로 일본의 36.7%를 넘어서게 된다. 즉, 세계에서 고령인구 비중이 가장 높은 나라가 된다는 것이다.

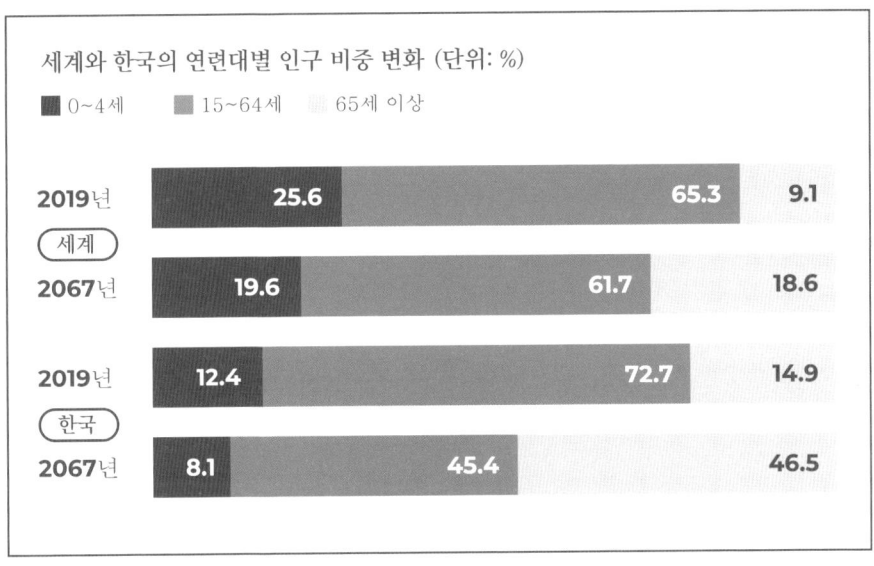

〈자료: 통계청〉

오래 사는 것은 이제는 상수가 됐다. 얼마나 건강하게 사느냐가 중요한 사회가 되었다. 국토교통부가 발표한 '2018년 도시계획 현황 통계'에 따르면 우리나라 도시지역에 거주하는 인구는 1970년 50.1%에서 1990년 81.9%, 2019년 91.8%로 집계되었다. 우리나라 국민 10명 중 9명이 도시에 살고 있으며 도시화 비율이 급격히 증가하고 있다.

이처럼 인구의 90% 이상이 도시에 살고 있는 우리의 모습은 어떨까? 대부분 눈코 뜰새 없이 바쁘게 도시 속에서 살아가고 있다. 아침에 일찍 출근하고 저녁에 늦게 퇴근하므로 식사는 대부분 밖에서 쫓기며 해결하는 등 해로운 식습관이 몸에 밴다. 특히 아이들은 학원을 다니느라 저녁 늦게 컵라면, 도시락 등 편의점에서 쉽게 사먹을 수 있는 패스트푸드에 더 친숙하다.

경쟁이 치열한 도시생활로 많은 도시민들은 심한 스트레스를 받으며 생활한다. 아이들이 마음놓고 뛰어놀 공간이 부족하며 자동차 중심의 생활로 신체 활동이 부족해진다. 도시의 밀집된 환경 탓에 전염성 질환에 항상 노출되기도 한다. 이런 현실은 산업화 시대를 거치면서 풍요롭고 여유있는 삶을 누리며 살아갈 수 있는 도시를 만들기보다 양적 성장 위주의 치열한 경쟁사회를 만드는 데 집중해온 결과다.

건강 측면에서 고령화와 도시화 비율이 우리에게 시사하는 바는 개인 혼자의 노력만으로는 건강이 유지될 수 없고 자신이 알아서 건강을 챙겨야 한다는 기존 방식으로는 개인과 사회 모두 건강해질 수 없다는 구조가 되었다는 점이다.

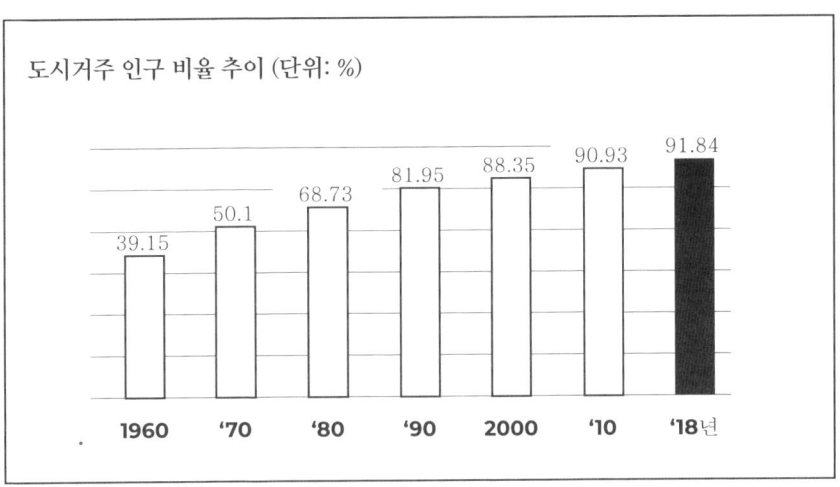

〈자료: 국토교통부, 한국토지주택공사〉

다시 말해, 시민들의 삶은 그들이 살아가는 도시가 지닌 각종 인프라와 환경과 밀접하게 연결될 수밖에 없다는 의미다. 코로나19 발생 이후 건강은 이제 개인의 문제를 넘어 한 국가와 인류 공동체 모두의 문제가 된 것이 분명하다. 개인과 가족에 한정적으로 영향을 미치던 건강 문제를 넘어 정치, 사회, 경제 모든 분야에서 심각한 사회문제를 야기할 수 있음을 인식해야 한다. 건강을 바라보는 패러다임도 변해야 한다.

수많은 사람이 모여 사는 도시 안에서 혼자만의 노력으로는 건강한 삶을 유지할 수 없다는 점이 건강도시 논의의 출발점이다. 세계보건기구는

1986년 새로운 건강정책 패러다임을 지향하는 건강도시 개념을 제시했다. 세계보건기구는 건강도시를 "물리적, 사회적, 환경적 여건을 창의적이고 지속적으로 개발해나가는 가운데 개인의 잠재력을 최대한 발휘하며 지역사회의 참여 주체들이 상호 협력해 시민의 건강과 삶의 질을 향상시키기 위해 지속적으로 노력해나가는 도시"로 정의하고 있다. 결론적으로 도시에 살고 있는 대부분의 사람들에게 건강한 삶은 건강한 도시에서 나온다는 의미다. 그렇다면 도시는 그 속에서 살아가고 있는 사람들 건강에 어떤 영향을 미칠까?

모두의 건강, 모든 정책에서의 건강

산업화 과정을 통해 농촌에 살던 많은 사람들이 일자리를 찾아 도시로 향했다. 도시화가 급격히 진행됨에 따라 대기오염과 소음공해가 증가했다. 아침에 일어나자마자 미세먼지를 체크하는 것이 일상이 되고 있다. 각종 쓰레기, 생활오·폐수, 산업용 폐기물들로 인해 토양과 수질이 오염되고 있다. 마시는 물마저 걱정하며 사는 신세다. 많은 사람이 수돗물보다는 생수를 마시는 것이 안전하다는 생각을 갖고 있다. 메르스와 코로나19 등의 전염성 질병도 주기적으로 발생하고 있어 건강은 물론 생계까지 위협받고 있는 것이 현실이다.

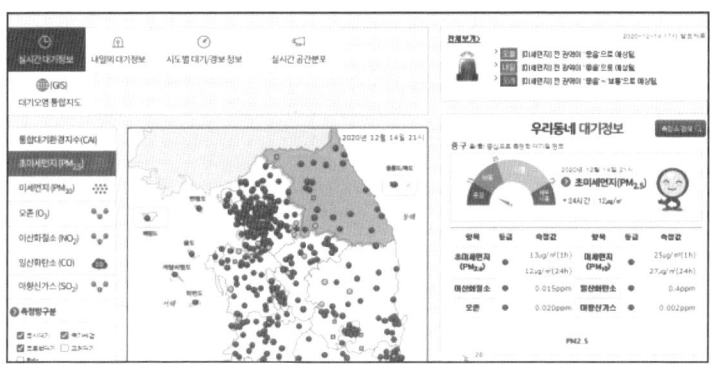

〈한국환경공단이 운영하는 실시간 대기오염도 공개 홈페이지〉

교통사고 등 건강과 안전을 직접적으로 위협하는 요소도 증가하고 있다. 또한, 경쟁이 치열한 사회에 살다보니 만성적인 수면부족과 만병의 근원인 과도한 스트레스를 지속적으로 받고 있다. 이로 인한 흡연과 관대한 음주문화로 만성적인 질환에 시달리기도 한다. 영양 과잉과 결핍 등 건강관리에서도 소득격차에 따른 양극화 현상이 일어나고 있다. 이처럼 도시가 개인에게 영향을 미치는 요인은 매우 다양하고 복잡하므로 종합적인 접근이 필요하다.

문은숙 연구위원에 의하면 급속히 심각해지는 도시의 건강문제를 해결하려면 질병을 낳는 '건강결정요인'을 포괄적으로 다룰 수 있는 새로운 건강정책 모델이 필요하다. 이는 개인의 건강을 결정하는 주요 요인이 유전적 요인보다 사회·환경적 요인 그리고 거기서 비롯되는 생활습관이라는 문제의식에서 출발한다는 것이다. 건강은 개인 보건의료적 차원으로만 접근할 것이 아니라 도시문제 즉 사회, 경제와 환경적 개선이 이루어질 때 비로소 건강문제가 온전히 해결될 수 있다는 의미다.

세계보건기구는 1986년 모두의 건강(Health for all), 모든 정책에서의 건강(Health for all policies)이라는 정책 방향을 제시하고 이를 실현할 사업으로 건강도시 사업을 제안했다. 이를 바탕으로 유럽 도시들은 지금까지 건강도시 사업을 진행해오고 있다. 1986년 11개 도시를 대상으로 진행했던 시범사업은 이듬해부터 31개국 99개 도시로 확대되었다. 유럽 건강도시들의 가장 큰 특징으로는 '건강과 지속가능 도시 발전'을 성실히 연계시키고 지역중심 활동, 도시환경 개선과 지자체 역할을 강조해온 데 있다.(문은숙,《세계 건강도시 정책 동향과,건강도시, 서울의 이해》, 2015.)

〈WHO Health 2030 and Agenda 2030〉

미국의 건강정책은 공공이 가이드라인을 제시하고 민간이 주도적으로 추진하는 형태다. 대표적 건강도시 미국의 리치몬드시는 건강한 도시 정책을 위해 10가지 계획을 선정했다. 아래와 같은 정책 방향을 설정한 후 가이드라인을 만들고 이를 구현할 도시개발사업을 추진하고 있다.(도시미래신문, '도시가 건강해야 시민이 건강하다', 2014.5.)

계획 1. 공원 등 오픈스페이스 접근성 향상

계획 2. 건강한 음식과 영양을 선택할 수 있는 접근 기회 확장

계획 3. 의료 서비스 접근성 향상

계획 4. 안전하고 편리한 대중교통 및 활동적인 순환 옵션

계획 5. 양질의 주거 접근성

계획 6. 경제적 기회의 확장

계획 7. 안전한 이웃과 공공장소

계획 8. 환경의 질 개선

계획 9. 지속가능한 개발

계획 10. 건강한 커뮤니티 구축 리더십

건강도시를 위한 현실가능한 실천

길게는 1,000년 넘게 짧게는 수백 년 이상 지속적으로 발전해온 많은 유럽 도시들과는 달리 지난 몇 십년 동안 양적 중심으로 압축 성장해온 우리나라 도시들은 건강에 대한 고려를 충분히 하지 못했다. 지금부터라도 도시의 주인이며 도시 안에서 살고 있는 시민의 건강을 우선하는 정책 방향 설정이 필요하다. 그렇다면, 건강한 삶을 영위하고 건강한 사회를 조성하는 데 필요한 것은 무엇일까?

1 불균형적인 식생활과 수면부족, 스마트폰 중독 등의 생활습관을 개선해야 한다.

2 심각한 미세먼지 등의 대기질과 수질 등 취약한 도시환경을 개선해야 한다.

3 부족한 신체활동을 촉진하기 위한 프로그램과 공간이 조성되어야 한다.

4 경제력과 관계없이 누구나 쉽게 찾을 수 있는 지역 의료시설이 확충되어야 한다.

5 건강한 교통수단이 확충되어야 한다.

삶의 터전인 도시가 건강에 미치는 영향은 갈수록 커지고 있으며 점점 더 많은 젊은이들이 일자리를 찾아 도시로 몰려들고 있다. 현재를 살아가는 우리와 다음 세대들이 건강하게 살아가기 위해서는 어떤 도시를 만들고 그것을 위해 무엇을 해나가야 할지 심각하게 고민하고 행동에 옮겨야 할 때가 왔다. 건강도시로 나아가기 위해 무엇을 해야 할까?

건강에 대한 관점이 바뀌어야 한다

건강지식을 습득하고 생활습관을 바꿈으로써 건강이 유지되거나 회복될 수 있다는 개인적인 관점에서 사회경제적, 물리적 환경을 개선시키는 것이 더 중요하다는 관점으로의 전환이 우선되어야 한다. 유럽을 포함한 선진국에서는 시민 건강을 위한 노력이 보건의료 개선에서 도시환경 측면으로 범위가 확대되고 있다. 건강을 바라보는 관점이 질병 관리에서 질병 예방으로, 나아가 건강한 삶을 위한 도시환경으로 발전되어야 한다.

건강의 주요 결정요인

도시가 건강문제에서 해결 주체로 적극 나서야 한다

지금까지 대부분의 도시에서 시민들의 건강을 담당하는 부서는 보건소였다. 이제 건강담당부서를 질병관리를 주 업무로 하는 보건소에서 체육과, 맑은물센터, 미세먼지 등 건강과 직접적 관련이 있는 부서를 모아 '건강전담부서'로 확대 개편해야 한다. 이미 국내에서도 서울시 등 몇몇 도시에서 비슷한 시도를 하고 있다. 부서의 주요 사업내용도 시설 설치 중심의 하드웨어 관점에서 시민 건강을 목표로 하는 시스템 접근방식으로 전환되어야 한다. 예를 들어 체육부서가 문화체육국에 주로 편재되어 있는데 건강전담부서로 재편되어야 하며 목표를 건강한 삶을 유지하는 데에 두어야 하고 기능도 역시 엘리트 체육에서 생활체육으로 집중해야 한다. 모든 정책에 건강을 고려해야 한다는 측면에서 건강전담부서 신설 등 물리적 통합과 함께 시스템적 통합도 이뤄져야 한다. 이를 위한 '건강영향평가'가 선행되어야 한다.

건강은 개인의 유전적 측면을 넘어 자라면서 얻게 되는 생활습관과 개인이 살고 있는 물리적 환경, 사회경제적 환경 등 다양한 요인으로부터 영향을 받는다. 건강과 관련된 법 제도와 정책을 수립할 때 적절한 정보를 제공하고 이를 바탕으로 실시하는 각종 프로그램과 사업들이 건강에 미칠 효과를 예측하기 위해 필요한 건강영향평가가 선행되어야 한다. 도시계획, 개발, 교통 등 건강에 영향을 미치는 각종 정책을 수립하는 단계에서 사전에 평가하는 제도다. 효율적인 예산집행을 위해서도 필요하며 관련 부서와 전문가는 물론 주민참여를 위해서도 반드시 거쳐야 할 단계다.(김공현,《건강영향평가의 배경 및 정의》, 보건복지포럼, 2008.)

**건강 관련 서비스 기반도 역시 지역공동체를 중심으로 재구성
되어야 한다**

지금까지 보건·의료 서비스는 중앙정부 또는 대형병원 위주의 하향식 시스템에 기초하고 있다. 대도시와 소도시, 소득격차 등에 의해 건강의료 서비스가 달라질 수밖에 없는 구조다. 시민이 거주하는 지역을 중심으로 건강서비스가 재편되어야만 모든 사람이 양질의 맞춤형 건강서비스를 제공받을 수 있다. 그리고 지역 커뮤니티 기반의 건강서비스를 제공할 때 비로소 사후 치료 중심에서 사전 예방적 관점의 서비스로 전환될 수 있다.

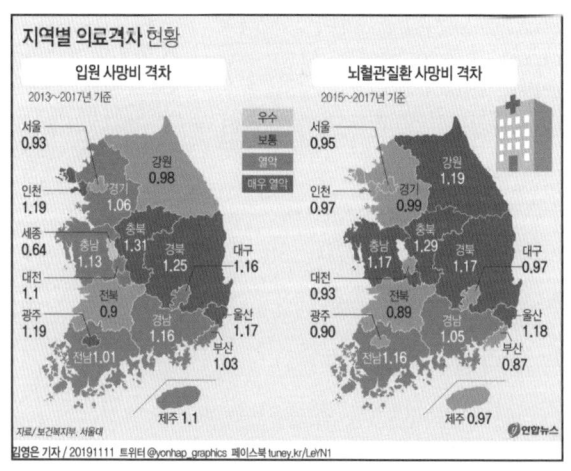

〈출처: 연합뉴스〉

일상 속에서 건강을 지킬 수 있도록 걷기 좋고 자전거 타기 좋은 환경을 조성해야 한다

대부분의 우리나라 도시들은 자동차 중심으로 설계되어 있다. 모든 시스템도 차량이 우선이다. 많은 도시에서 자전거 도로를 조성하고 있지만 차도가 아닌 인도를 줄여 만들고 있는 실정이다. 자전거를 타고 다니기에 위험한 곳도 많다. 사람이 걸어다니는 인도는 더 말할 것도 없다. 혼자서 안전하게 걷기도 쉽지 않은 곳이 많으며 어떤 곳은 아예 인도조차 없기도 하다. 겉으로는 사람 중심의 도시를 외치고 있지만 자동차 중심의 사고방식에서 벗어나지 못한 결과다. 앞으로 도로를 개설할 때는 최우선적으로 인도를 고려해 안전하고 걷기 편하게 만들어야 한다. 기존 도로에 인도가 없거나 협소하면 과감히 차도를 다이어트해 인도나 자전거 도로로 전환해야 한다.

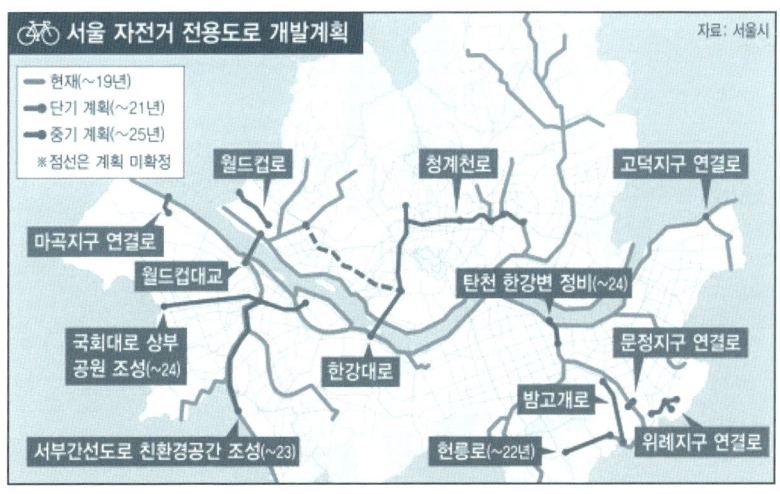

<출처: 한겨레신문 / 자료: 서울시>

신체활동을 촉진하기 위한 물리적 공간도 확대해야 한다

스마트폰 등장 이후 아이들은 물론 어른들도 게임과 SNS에 빠져 산다. 신체적 건강뿐만 아니라 정신적으로도 무척 해롭다. 여러 이유가 있겠지만 산책과 운동을 마음껏 할 수 있는 공간이 부족한 것도 한 몫 했을 것이다. 미국과 유럽을 방문했을 때 도시 곳곳에서 축구, 야구 등 운동을 즐기고 조깅을 하며 여유 있게 산책하는 사람들의 모습을 마주할 수 있었다. 그만큼 신체 활동을 위한 공간이 무척 많다는 것이다. 우리 현실은 어떤가? 도시에서 조깅을 하거나 운동하는 모습은 만나기 어렵다. 유휴 공간이 생겨도 운동할 수 있는 곳으로 조성하기보다 주차장 확보 등 차량을 위한 공간으로 활용된다. 아파트에 체육시설이 들어서도 시끄럽다는 민원에 휘둘려 존재하는 체육 공간마저 없어지고 있다. 운동을 조용히 할 수는 없지 않은가. 지금부터 적어도 아이들만큼은 신나게 뛰어놀 수 있는 시설과 공원, 놀이터를 확보해나가야 한다.

**혁신기술을 활용하는 '건강데이터센터'를 설치해 맞춤형
의료 서비스를 제공해야 한다**

교통, 금융 등 각종 분야에서 빅데이터, 클라우드, AI, IoT 등을 이용해 효율적으로 서비스를 공급하는 플랫폼 시대가 도래했다. 의료, 건강 분야에서도 다방면으로 혁신 기술이 개발되고 있다. 가장 일반적인 수준

에서 스마트폰 걷기 앱을 통해 많은 사람이 건강을 유지하는 데 도움을 받고 있다. 이런 기록들이 축적되어 건강진료에 사용될 날이 다가오고 있다. 최근 세계 곳곳에서 원격진료가 시도되고 있으며 웨어러블 기기로 수시로 건강 상태를 체크하고 있다. 혁신기술을 이용해 보건소와 지역 의료기관을 연계하는 '건강데이터센터'를 설치해 과학적인 분석을 통해 시민들에게 각종 보건의료 서비스를 제공할 수 있는 시대가 멀지 않았다.(홍윤철, 《팬데믹》, 포르체, 2020.) 사후 치료가 아닌 사전 예방적 관점에서 시민들의 건강데이터를 분석해 식생활과 개별 운동 처방 등 맞춤형 건강서비스를 제공할 수 있다. 특히 거동이 불편하거나 갑작스러운 위급 상황에서 더 효과가 클 것이다.

실효성 있는 건강교육이 강화되어야 한다

건강은 개인의 삶에서 가장 중요한 지식임에도 불구하고 대부분의 시민들은 성인이 될 때까지 제대로 된 건강교육을 받지 못했을 것이다. 건강지식을 갖고 있더라도 오해하거나 잘못된 지식을 습득한 경우가 많다. 지금부터라도 학교 교육에 건강 관련 과목을 강화해야 하며 평생학습 차원에서도 건강과 건강도시 강좌가 개설되어야 한다.

**지역에서 생산되어 믿고 소비할 수 있는 안전한 먹거리를
제공해야 한다**

먹거리는 생명과 건강에 직결되는 중대한 사안이다. 하지만 사람들은 먹거리에 대한 불신이 깊다. 최근 먹거리는 상품성 위주로 구성되다보니 농약과 화학비료를 불필요하게 과다 사용해 건강은 물론 생태계에도 악영향을 미친다. 대규모 생산체계가 공고화되면서 소규모 생산자와 소비자들의 선택도 어렵게 되어가고 있다. 도시농업을 통해 로컬푸드 사업을 진행함으로써 일자리는 물론 내가 살고 있는 지역 내에서 안전한 먹거리를 생산하고 소비할 수 있는 건강한 공동체를 만들어가야 한다.

**지금까지 제안한 실천사항들을 일관성 있고 지속적으로 발전시켜
나가기 위해 건강을 핵심가치로 삼는 도시계획이 이루어져야 한다**

건강도시 사업이 제각기 진행되는 단일사업이 되어선 지속가능한 건강사회로 나아갈 수 없다. 세계보건기구가 제시한 '모든 정책에서의 건강(Health for all policies)' 원칙을 달성하기 위해서는 건강과 관련있는 도시의 모든 정책과 계획이 수립되는 단계부터 건강을 고려해야 한다. 여기서 전제되어야 할 것은 도시의 주인인 시민이 주체가 되어야 하며 행정은 이를 보조하는 역할을 해야 한다는 것이다. 건강도시 사업은 다른 사업과 달리 목표 자체가 시민의 건강이기 때문에 시민이 참여하지 않으면 의미 자체가

없다. 또한, 도시의 각 영역들이 매우 복잡하게 얽혀 있기 때문에 분야별 전문가가 참여해야 한다. 그들의 참여가 제한적이면 건강도시 사업은 공급자 중심의 일회성 사업으로 전락하고 지속가능하기 어렵다.

성장 위주의 관점에서 벗어나 시민들의 삶을 건강하고 풍요롭게 만드는 도시 공간과 운영 시스템으로 바꿔야 한다. 부족한 부분은 새로 채워가야 한다. 아이들이 마음 놓고 숨쉬고 뛰어놀 수 있는 환경을 만들기 위해 도시가 적극 나서야 한다. 우리는 코로나19 팬데믹 시대에서 시민 모두의 건강을 지키려면 공동체 구성원이 함께 거주하는 바로 그곳에서 이뤄져야 할 필요성을 인식하게 되었다. 건강서비스도 이제 지역에 토대를 두어야 한다. 삶의 기본인 건강을 챙겨주는 도시가 바로 우리가 추구해야 할 미래 도시의 모습이다.

건강한 도시란, 미세먼지 걱정 없이 마음껏 숨쉴 수 있는 도시다. 물건을 사러 마트에 가고 출·퇴근과 등·하교를 위해 걷거나 자전거를 타는 등 일상에서 신체 활동이 가능한 도시다. 학교와 지역사회가 제공하는 평생학습을 통해 올바른 건강지식을 습득할 수 있고 혁신적인 기술을 이용해 사전 예방적 건강서비스를 맞춤형으로 제공해주는 도시다. 아이들이 스마트폰을 버리고 동네 어귀에서 마음 놓고 축구와 농구를 할 수 있는 공간이 많은 도시이고 수돗물과 먹거리를 안심하고 먹고 마실 수 있는 도시다. 위급할 때 가까운 곳에서 양질의 치료를 받을 수 있는 의료서비스 체계가 갖춰진 도시다.

개인적인 노력만으로는 원하는 삶을 살아가는 데 한계가 있다. 우리 대부분은 도시에서 살아가므로 사회 환경적 요소에 의해 영향을 받을 수밖에 없기 때문이다. 아이들이 마음 놓고 뛰어놀 수 있는 환경을 만들기 위해 이제 도시가 나서야 한다. 건강도시가 넥스트시티다.

10장
안전도시

우리의 도시는 안전한가

살고 싶은 도시는 안전한 삶을 보장하는 데서 출발한다

예방은 안전의 최우선 가치다

안전문화 없이 안전사회도 없다

지역은 안전관리 체계의 핵심이다

우리의 도시는 안전한가

"차 조심해라"

어렸을 때 기억이 난다. 학교에 갈 때 어머니께서 항상 "차 조심해라"라고 말씀하셨고 여름철만 되면 "물가에 가지 말라"고 신신당부하셨다. 세월이 지나고 보니 어머니로부터 듣던 말들을 어느 순간 내가 자식들에게 해주고 있었다. 자녀들의 '안전'을 다른 무엇보다 소중하게 생각하는 것은 어느 시대든 모든 부모의 마음일 것이다. 나도 여느 부모들처럼 아이들을 키우면서 하루하루 걱정하며 살아가고 있다.

안전은 개인만의 책임이 아니다

농업시대로부터 산업화와 도시화가 급격히 진행됨에 따라 수많은 위험이 예기치 못한 곳에서 발생하고 있다. 도시화에 따라 대규모 건축물과 교량 등이 빠르게 증가했고, 산업화가 진전됨에 따라 생산시설 역시 복잡화·거대화되었다. 그에 발맞추어 선박·항공 등의 교통운송수단이 대형화되고, 이용률이 크게 증가하고 있다. 막대한 피해를 유발하는 대형 위험 요소들이 우리 주변에 상존하는 결과를 초래한 것이다.

우리는 살아오면서 위험한 사고들을 수없이 지켜봐야 했다. 1994년 성수대교 붕괴, 1995년 삼풍백화점 붕괴, 2003년 대구지하철 화재사고, 2014년 세월호 참사 등 사고공화국이라는 부끄러운 수식어가 붙을 만큼 하늘과 바다, 땅과 지하 등 우리가 활동하는 모든 곳에서 사고가 일어났다. 그 원인도 상식적으로 이해되지 않을 정도로 있을 수 없는 상황들이 발생했다.

〈출처: JTBC〉

경제가 성장하고 사회가 발전함에 따라 위험과 불안에 대한 시민들의 우려가 조금씩 해소되는 방향으로 진행되어야 함에도 현실은 전혀 그렇지 못하다. 시민들이 갖는 불안감은 갈수록 심해지고 있다. 사람들의 편리함을 위해 만들어진 시설물과 시스템이 오히려 사람들에게 피해를 주는 흉기로 돌변한 것이다. 대한민국이 어쩌다 위험사회가 되었을까? 도대체 이런 일이 왜 지속적으로 반복되는 걸까?

사고 발생 유형별로 다양하겠지만 대형사고가 발생하는 주요 요인들을 살펴보면 대형 건축물이나 시설물을 세우는 과정에서 안전보다 '비용'을 우선하는 경제적 이익중심 사고가 자리하고 있다. 실적 중심주의라는 사회경제 구조에 기인하는 바가 크다. 시설을 관리하고 유지·보수하는 과정에서도 책임의식이 심각하게 결여된 상태에서 안일하게 운영하는 것도 주요 원인이다.

이런 배경에는 무엇보다 경제개발시대부터 우리 사회에 체화된 '성장 위주'에 더 큰 가치를 두고 생명과 직결되는 안전을 도외시한 데 있다. 더구나 그 과정에서 정당하지 못한 이익을 추구하는 비도덕적인 행위들이 결합되어 더 심각한 위험으로 가중되었다. 사회 구성원들을 위해 지켜야 할 기본적인 공동체 질서와 안전수칙을 지키지 않는 안전불감증이 많은 인명피해로 이어졌고 안전과 관련해 심각한 사회불신이라는 결과를 초래한 것이다.

대한민국 사회의 안전 수준은 높지 않다

최호진 한국행정연구원 선임연구위원은 우리나라의 안전 수준을 1

인당 GDP 28,000달러 경제 수준과 비교해볼 때 아직도 미흡하다면서 "OECD 2016년 '더 나은 삶 지수(BLI, Better Life Index)'에 따르면, 우리나라의 안전 수준은 OECD 35개국 중 21위(안전지수는 67.7점)에 불과해 OECD 평균보다 낮았다. 이외에도 교통사고 사망 10위(2015), 자살률 2위(2015), 어린이 안전사고 사망 3위(2010), 산재사망 1위(2012), 살인 및 강간범죄율 6위(2015) 등 안전사고 사망과 관련한 대부분의 OECD 지표에서 열악한 위치에 있으며, 잠재적 안전사고 발생 분야인 대기오염도 다른 OECD 회원국에 비해 최고 나쁜 수준으로 조사되었다"고 말했다.

영국 경제 주간지 이코노미스트(The Economist)는 세계 60개국 도시 안전도를 비교·분석해 격년 단위로 안전한 도시지수(Safe Cities Index)를 공개한다. 이코노미스트 조사기관인 EIU(Economist Intelligence Unit)가 2019년 발표한 도시 순위를 보면 92점을 받은 일본 도쿄가 가장 안전한 도시로 나타났다. 도쿄는 3번 연속 가장 안전한 도시로 뽑혔나. 2위는 91.5섬을 받은 싱가포르, 3위는 일본 오사카, 4위는 호주 시드니가 차지했으며, 서울은 8위였다.

Digital security

The top five:
1. Tokyo
2. Singapore
3. Chicago
4. Washington, DC
5 = Los Angeles
5 = San Francisco

Health security

The top five:
1. Osaka
2. Tokyo
3. Seoul
4 = Amsterdam
4 = Stockholm

Infrastructure security

The top five:
1. Singapore
2. Osaka
3. Barcelona
4. Tokyo
5. Madrid

Personal security

The top five:
1. Singapore
2. Copenhagen
3. Hong Kong
4. Tokyo
5. Wellington

〈출처: The Economist〉

살고 싶은 도시는 안전한 삶을
보장하는 데서 출발한다

살고 싶은 도시는 안전한 삶을 보장하는 데서 출발한다. 단 하나뿐인 우리의 생명이 보장되지 못하는 사회에서는 삶과 공동체의 존립 자체가 의미 없기 때문이다. 우리가 안전도시를 만들어야 하는 이유다. '안전도시' 개념은 1989년 9월 스웨덴 스톡홀롬에서 열린 〈제1회 사고와 손상 예방 학술대회〉에서 "모든 사람은 건강하고 안전한 삶을 누릴 권리를 가진다"라는 선언문에 기초하고 있다. 세계보건기구에서 지역사회 손상예방 및 안전증진을 위한 사업으로 권고하는 모델이기도 하다.

세계 1위 안전도시, 도쿄

지진, 태풍 등 자연재해가 가장 빈번히 발생하는 도시인 일본 도쿄가 '이코노미스트' 조사기관 EIU로부터 세계에서 가장 안전한 도시로 선정되었다. 이는 도쿄가 생활, 재난, 방재, 교통 등 다양한 분야에서 최고 수준의 안전시스템을 지속적으로 구축한 결과다. 무엇보다 시민들의 자발적인 참여를 유도하는 정책이 주목받고 있다.

구체적으로 살펴보면, 각종 재난이 발생했을 때 도시 구조와 특성, 주민들의 생활방식 등을 고려해 손쉽게 사고에 대처할 수 있는 방안들이 적힌 '도쿄 방재'를 온·오프라인으로 무료 배포했다. 두 번째로 치안과 관련해 시민참여를 바탕으로 '지역안전지도'를 제작했다. 이는 범죄가 일어나기 쉬운 장소를 마을 단위로 주민들 스스로 지도에 표기하는 방식을 통해 공동체 내부의 취약 지역에 대한 문제의식을 공유함은 물론 지역안전에 대한 판단능력을 제고시키는 것이 목적이다. 마지막으로 불특정 다수가 모이는 장소에는 층별 또는 점포별로 각종 방재 관련 자격증을 보유한 '방재 책임자'를 두게 함으로써 재난이 발생했을 때 신속히 대처할 수 있도록 했다.

〈일본 도쿄도가 무료로 배포하는 도쿄방재 한국어판 표지〉

안전한 나라에 대한 자부심이 강한 도시, 싱가포르

　모두가 잘 알듯이 비교적 가벼운 경범죄도 고액의 벌금과 태형을 가하는 싱가포르가 세계적인 안전도시로 자리매김할 수 있었던 배경도 역시 엄격한 법 집행이었다. 예를 들어 최근 이동수단으로 떠오르는 전동 킥보드 충돌사고가 증가하자 엄격히 제한하고 있다. 인도와 차도에서는 사용 금지이고, 자전거 전용도로에서만 탈 수 있게 했다. 위반하면 2,000 싱가포르 달러(한화 약 170만 원)의 벌금을 내거나 최장 3개월의 징역형을 선고받는다.

　산업현장에서도 엄격한 법 집행을 중시한다. 건설현장 사고사망지수를 보면, 2018년 인구 10만 명당 사망지수는 3.1명이다. 우리나라의 2018년 건설현장 사망지수 16.5명과 비교해볼 때 현저히 낮다. 이런 결과의 배경에는 건설현장에서 심각한 산업재해가 발생하면 사업주 실명 공개와 함께 막대한 벌금을 부과하고, 이후 공사 계약마저 수주하기 쉽지 않도록 만들어놓은 '산업안전보건법' 제정 덕분이다.

　또한, 빅데이터와 AI, 얼굴인식 등 첨단기술에 기반한 감시시스템을 활용해 치안 유지를 하고 있다. 프라이버시 침해 우려가 제기되고 있지만, 모든 분야에서 안전을 우선시하는 정부의 정책 기조에는 변함이 없다.

〈출처: International Association of Labor Inspection〉

모든 이를 위한 안전을 추구하는 도시, 시드니

시드니는 도시의 안전도를 향상시키는 방안으로 '모든 이를 위한 안전 계획(A City for All)'을 수립해 시행 중이다. 시드니 거주민뿐만 아니라 관광객과 유학생 등 시드니를 방문한 모든 사람이 안전을 체감하도록 도시를 만든다는 구상이다. 이를 위해 '범죄예방을 위한 도시 디자인' 개념을 적극 도입했다. 거리 조명, 길안내 표지판 등을 개선해 주민과 방문객들이 안심하고 편안하게 생활할 수 있는 도시 환경을 조성하는데 목표를 두고 있다. 인구가 늘어감에 따라 점점 증가하는 안전위협 요소들을 사전 예방하기 위해 디지털 인프라 보안 등 스마트 시티 인프라 확충에도 막대한 예산을 투입하고 있다.

〈모든 이의 안전을 위한 도시 가이드, A City for All〉

세계적인 안전도시들은 사전 예방대책과 현장의 중요성을 강조한다

  살펴본 세계적인 안전도시들이 우리에게 던지는 시사점은 무엇보다 사전 예방대책과 현장의 중요성을 강조한다는 점이다. 이를 위해 체계적인 계획을 수립하는 한편 시민의 역할도 중시한다. 또한, 안전사고와 관련해 엄격한 법 제정과 집행을 유지한다는 것도 알 수 있다. 국립재난안전연구원에서 실시한 국민안전의식에 관한 조사연구('안전에 관한 국민의식 및 정책방향 조사', 2013.)에 의하면 국민 대다수(99.1%)가 일상생활에서 안전의 중요성을 인지하고 있다. 조사 대상자의 대다수인 73%가 일상생활에서 안전하다고 느끼지만, 4명 중 1명(25%)은 여전히 불안감을 가진 것으로 조사되었다.

국민들은 교통사고·추락·익사 등 생활안전사고 분야(41.1%)에서 불안감을 가장 크게 느끼는 것으로 나타났다. 그 다음으로는 범죄 분야(23.8%), 화재·붕괴·환경오염사고 분야(12%), 국가기반체제(11.8%), 자연재난 분야(8.5%) 순으로 조사되었다. 안전체감도 향상 대책으로는 CCTV와 경보시스템 설치 등 안전시설 확충(29.8%)을 가장 많이 요구했다. 그 다음으로는 경찰·소방관 현장 대응능력 강화(20.9%)를 중시하고 있었다. 이는 법·제도나 안전문화와 같은 무형적 측면보다는 재난을 사전에 예방할 수 있는 도구와 현장에서 실질적으로 필요한 수단을 더 중시한다는 것을 보여준다.

　안전한 사회를 만들기 위한 주체에 대한 조사에서는 중앙정부(30%)와 개인(24%)이 중요하다는 응답이 가장 많았으며, 경찰 등 현장 대응기관(21.3%)과 지방자치단체(17.9%)도 안전사회를 만드는 중요한 주체로 인식하는 것으로 나타났다. 안전사고를 줄이거나 막을 수 있을까? 재난은 크게 지진, 태풍, 홍수, 폭염 등의 자연재해와 교통사고, 화재, 붕괴 등 인적 재해로 나눌 수 있다. 산업재해 전문가인 하인리히(Herbert William Heinrich) 산업재해예방 4원칙 중에 '예방 가능의 원칙'이 있다. 천재지변을 제외한 모든 인재는 예방이 가능하다는 것이다. 심각한 자연재해는 막을 수 없더라도 그로 인한 피해는 줄일 수 있으며, 인재는 철저한 준비만 잘하면 막을 수 있다는 것이다.

예방은 안전의 최우선 가치다

'소 잃고 외양간 고친다'라는 속담이 있다. 사고로 인해 단 하나뿐인 소중한 생명을 잃으면 외양간도 못 고치게 된다. 세월호 참사를 통해 알 수 있듯이 안전사고는 소중한 인명 피해는 물론 가족들에게는 치유되기 어려운 아픔을 주고, 나아가 공동체에도 큰 상처로 남는다. 따라서 안전 관련 정책을 계획·실행할 때는 예방에 최우선 가치를 두고 진행해야 한다.

산업재해 전문가 하인리히는 재해예방의 3E 원칙을 제시했다. 기술(Engineering) 대책, 교육(Education) 대책, 규제(Enforcement) 대책이 그것이다.(정재희 외, '안전사회 이렇게 만들자') 그는 이 3가지 요소를 효과적으로 활용할 때 안전사고를 막을 수 있다고 주장한다. 이를 토대로 재해를 어떻게 예방할지 살펴보자.

기술(Engineering)을 통한 예방대책

앞에서 언급한 국민안전의식 조사에 의하면, 시민들은 안전체감도 향상 대책으로 CCTV와 경보시스템 설치 등 안전시설 확충을 가장 선호했다. 실제로 위험한 장소에 CCTV를 설치한 후 지역 치안이 개선된 것은 여러 지자체에서 증명되고 있다. 안전에 '기술(Engineering)'을 활용한 것이다. 최근 빅데이터, AI, 얼굴인식 기능 등 첨단기술을 범죄 취약 지역이나 시간대에 활용하면 좀 더 안전한 사회를 만들 수 있다고 생각한다.

뉴욕을 안전한 도시로 만드는 데는 셉테드(CPTED, Crime Prevention Through Environment Design)의 역할이 컸다. 셉테드는 도시환경을 개선해 범죄를 줄이고, '삶의 질'을 향상시키기 위한 도시 디자인 기법이다. 검사 출신인 전 뉴욕시장 루돌프 줄리아니는 범죄로부터 안전한 도시를 만들겠다고 공언했다. 검사 출신답게 사람들은 공권력을 동원해 범죄를 줄일 거라고 예상했지만 아니었다. 줄리아니 시장의 첫 조치는 범죄의 온상이던 지하철과 거리의 낙서를 지우는 것이었다. '깨진 유리창 이론'에 근거한 것이다. 재임 기간 동안 범죄율은 40% 가량 줄었고, 지하철 범죄율은 75% 정도가 줄었다.(한국셉테드학회 보도자료, 2017.10.24.)

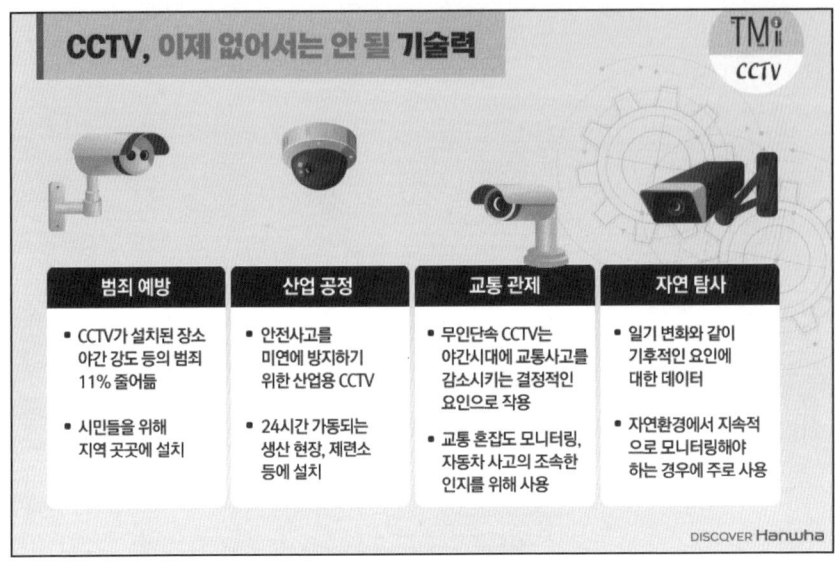

〈출처:한화저널〉

교육(Education)을 통한 예방대책

안전에 관해 선진국들은 하나같이 안전교육의 중요성을 강조하고 있다. 우리나라의 경우 학교교육에서부터 안전교육을 등한시해온 것이 사실이다. 최근 들어 안전교육의 중요성을 절감하고 사회 모든 분야에서 안전교육을 실행해 다행이라고 생각한다. 그럼에도 불구하고 걱정이 앞선다. 우리나라의 대부분의 교육은 강의 위주의 형식적인 측면이 강하고, 잘하고 있는 곳도 있지만 매달 실시하는 민방위훈련도 대부분 시간 때우기 식 또는 도상훈련으로 대체하는 실정이기 때문이다. 지금부터라도 학교와 직장, 산업현장 등에서 안전교육이 실질적으로 진행되어야 한다. 일본 도쿄가 안전에 취약한 장소와 시간대를 가장 잘 아는 주민들로 하여금 스스로 '안전지도'를 제작하도록 한 것도 역시 실질적인 안전교육이라는 측면이 강하다.

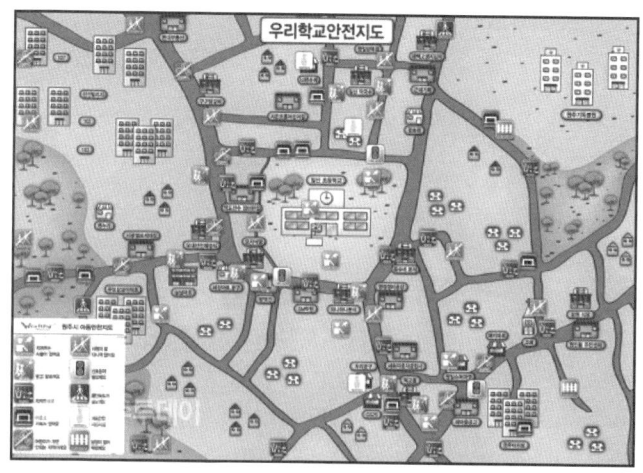

〈원주 지역사회 교육협의회에서 만든 우리학교 안전지도〉

규제(Enforcement)를 통한 예방대책

우리는 그동안 안전 관련 투자에 인색했다. 법적으로도 당연히 갖춰야 할 시설도 없는 경우가 적지 않다. '안전불감증'도 있지만 약한 규제도 큰 요인 중 하나라고 생각한다. 안전시설에 투자하기보다 사고가 발생했을 때 처벌받는 것이 경제적 측면에서 이익이 클 때 투자를 망설이게 된다. 게다가 안전보다는 '비용절감'에 정책의 우선순위를 두고 있다. 이제 우리도 관점을 전환해야 한다. 안전에 드는 비용이 곧 투자라고 인식하도록 만들어야 한다. 앞에서 살펴본 바와 같이 싱가포르는 안전사고 관련 규정을 위반하면 막대한 벌금을 부과하는 식의 엄벌주의로 세계 최고 수준의 안전국가를 만들었다.

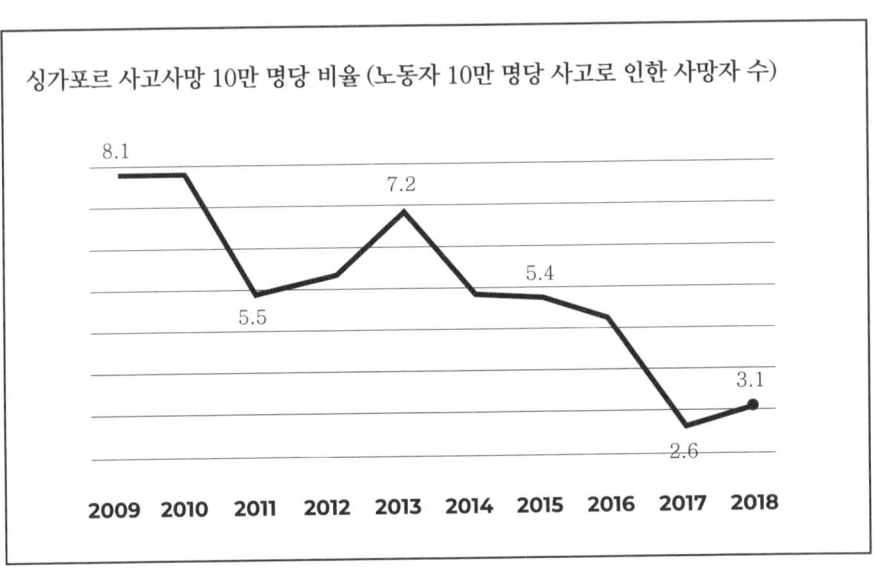

〈자료: 싱가포르 노동부〉

이처럼 법 규정을 위반해 사고가 발생했을 때는 처벌을 강화해 막대한 재산상 손실을 주는 시스템을 정비해야 한다. 우리도 이제 시민의 생명과 직결된 안전문제에 더 엄격해져야 한다. 정부의 존재 이유이자 안전문제에 대해 강력한 실천 의지를 각인시키는 것이기 때문이다.

안전문화 없이 안전사회도 없다

조직문화가 시스템을 이긴다

　각종 사고의 원인들을 살펴보면 우리 사회에 안전불감증이 뿌리 깊이 자리잡고 있음을 알 수 있다. 안전문화가 활성화되어 있을 때 비로소 안전선진국으로 갈 수 있다. 그 첫걸음은 기본적인 질서를 지키는 데서 시작된다. 우리는 기초질서 위반에 관대한 편이다. 자동차 뒷좌석에서 안전벨트를 안 매는 것이 기본이며, 헬멧 없이 자전거를 타는 경우도 다반사다. 전동 킥보드를 탈 때도 헬멧 착용 없이 곡예하듯이 차도와 자전거 도로, 보행자 도로를 넘나든다. 심지어 오토바이는 횡단보도에서 사람이 건너고 있는데도 겁 없이 질주한다. 이런 후진 문화에서는 아무리 많이 안전 인프라를 확충하더라도 소용없을 것이다.

　행정안전부 보도자료(2017.11.2.)에 의하면, "한국의 교통안전 수준은 경제협력개발기구(OECD) 회원국과 비교해볼 때 지난 15년간 최하위권이다. 2015년 경찰청 통계에 의하면 사망자 4,621명, 부상자 350,400명으로 매 10분마다 6.75명이 교통사고로 다치거나 사망한다.

2015년 총 232,035건 교통사고 중 절반 이상인 56.2%가 교통안전 법규를 지키지 않은 것이 원인이었다"라고 한다. 미국 중소도시의 사거리에는 교통신호등이 없는 경우가 많은데도 사고가 거의 나지 않는다. '사람이 우선이다.'라는 원칙과 선착순(First Come, First Served) 제도를 잘 지키고 있기 때문이다. 안전도 보장하면서 시간도 절약된다. 부수적으로 비용도 절감된다.

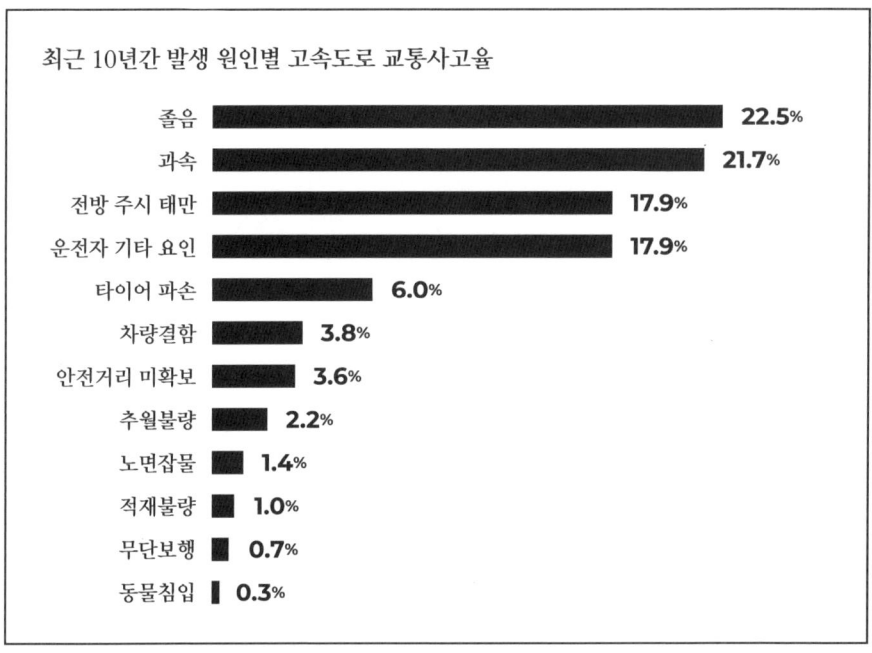

〈자료: 교통안전공단〉

안전문화 정착의 핵심은 시민 자신의 참여다

안전문화 정착은 시민 '스스로' 참여하고, 민간이 주도적인 역할을 할 때 효과가 크다. 시민주체 방식인 풀뿌리 운동으로 시작해야 기초, 기본이 튼튼해지기 때문이다. 여기에 더해 시민과 전문가, 행정기관이 함께 하는 안전 거버넌스의 구축도 중요해졌다. 지속 가능성 제고는 물론 안전 과제들이 이전보다 훨씬 복잡하고 다양하기 때문에 안전 전문가들과 지자체는 물론 경찰서, 소방서 등의 안전관리 주체들과 함께 하지 않으면 안전문제를 해결하기 힘들다. 이렇게 지역단위에서 안전문화가 정착되면 자연스럽게 안전 인프라와 시스템 개선으로 이어진다. 위험하고 불안한 상태를 견딜 수 없어 스스로 안전성을 확보하려고 하기 때문이다.

경기도에서 근무할 때 투자유치를 위해 화성시에 있는 프랑스 기업을 방문한 적이 있다. 주차를 하는데 후면주차를 하라는 것이었다. 사고가 발생했을 때 신속히 대피하기 위해서란다. 인사를 주고받은 후 회사 브리핑을 시작하는데 기업 소개를 하기 전에 비상구는 어느 쪽에 있고 안전도구는 어디에 비치했는지 그림으로 보여주었다. '안전제일주의'를 강하게 실감했다. 회사 곳곳에 안전장치가 마련되어 있는 모습을 보고 프랑스가 왜 안전 선진국인지 알게 되었고 안전도시를 만들기 위해 무엇을, 어떻게 해야 할지도 깨달았다.

안전은 구호가 아닌 실천 영역이다

　우리는 안전사고가 나면 책임자 처벌에 집중한다. 안전을 등한시한 책임자 처벌도 필요하지만 같은 사고가 다시 발생하지 않도록 하는 것이 훨씬 중요하다. 책임자 처벌에만 집중할 경우 안전부서에 근무하기를 기피하고, 자칫 소극적인 조직문화로 이어질 수 있기 때문이다. 그러므로 안전 선진국들은 책임자를 색출해 처벌하기보다 재발방지를 위해 사고의 원인을 철저히 분석하고 실질적 재발방지 대책을 내놓는 것을 더 중시한다. 우리는 잊을 만하면 대형사고가 재발한다. 원인도 비슷하다. 우리도 이제 사고가 발생했을 때 재발방지 대책이 실질화될 때까지 지속적으로 점검하고 해결하는 안전문화 정착에 집중해야 한다. 안전은 구호가 아니라, 각 가정과 기업, 사회에서 실천을 통해 달성될 수 있기 때문이다.

지역은 안전관리 체계의 핵심이다

안전은 현장이 중요하며, 지역이 안전관리 체계의 중심이 되어야 한다. 우리나라 대부분의 행정은 중앙부처 중심으로 이뤄지고 있다. 지방은 단순 집행기관으로 전락하곤 한다. 안전재난 분야에서도 중앙에서 계획을 수립하고 예산을 책정한 후 관리·운영까지 총괄·지휘하는 체계다. 코로나19, 가뭄, 홍수 등 전국적 재난 상황 또는 여러 지역이 관련된 경우에 한해 중앙부처가 중심이 되어야 한다.

재난은 현장이 가장 중요하다. 재난이 발생하면 전쟁치르듯 해야 한다. 현장 가까이 있고, 현장을 잘 아는 자가 현장사령관이 되어 총괄·지휘해야 한다. 세월호 참사 사례에서 보듯이 중앙에 보고하고 지시를 기다리다가 골든타임을 놓친 우를 다시 범하면 안 된다. 중앙은 정책과 예산을 지원하고, 총괄·실행은 지방에 맡겨야 맞춤형 재난관리체계가 갖춰지고, 책임감도 높아진다. 권한은 많고 책임은 적은 중앙, 권한은 적고 책임은 많은 지방이라는 이중적 안전관리 구조로는 재난예방은 물론 사고가 발생했을 때 제대로 대응할 수도 없다.

재난이 발생했을 때 즉시 적용할 수 있는 지역맞춤형 '안전 매뉴얼'도 현장과 지역중심 안전관리체계가 갖춰져 있을 때 실질적인 효력을 발휘할 수 있다. 인구 구성, 지형, 산업경제체계, 도시구조 등에 따라 안전사고 발생의 유형과 대책이 다를 수밖에 없기 때문이다. 안전은 언제, 어디서, 어떤 모습으로 다가올지 모른다. 이런 차원에서 현장을 가장 잘 아는 지역이 중심이 되어야 한다.

세월호 참사 등 여러 번의 대형 안전사고가 발생한 이후 과거보다는 안전에 대한 시민들의 관심이 커지고, 각종 안전 인프라도 보강되었다. 과거보다 안전해지고 있다고 여기지만, 아직도 안심하기에는 이르다. 언론을 통해 매일 크고 작은 사고를 접하고 있다. 아직도 대부분의 사고는 후진국형인 안전불감증에 기인하는 바가 크다. 하인리히 '1:29:300' 법칙이 있다. 보험사에 근무하던 하인리히는 75,000건의 사고를 정밀 분석했다. 그 결과, 1명의 심각한 인명사고가 발생하기 전에 29명의 경상자가 발생했고 동일한 원인으로 다칠 뻔한 300명이 있었다는 사실을 통계학적으로 밝혀냈다.(한국소방안전원 웹진, 소방안전플러스 VOL.016, 2020년 9월호.)

대형사고는 한 번에 우연히 일어나는 것이 아니라 작은 사고들이 수없이 반복되어 발생한다는 것을 의미한다. 뒤집어 말해, 현장에서 일어나는 사소한 징후에도 관심을 갖고 대처한다면, 큰 사고를 미연에 방지할 수 있다는 말도 된다. 선진사회로 진입할수록 안전에 대한 요구는 더 강해지고 그 수준도 더 높아진다. 시민의 눈높이에 맞는 안전대책이 수립되고 집행되어야 한다.

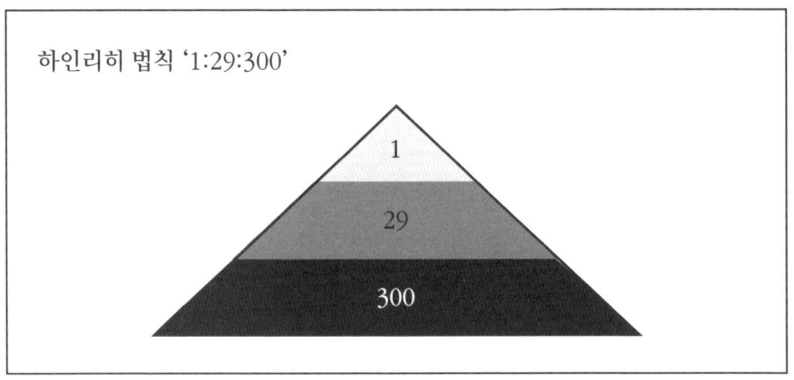

〈하인리히 법칙〉

도시의 안전은 왜 중요할까? 우선, 안전하게 살고 싶은 것은 인간의 가장 기초적인 욕구이기 때문이다. 매슬로우 욕구단계 이론에 의하면 생존에 필요한 먹고 사는 '생리적 욕구'가 어느 정도 충족되면 '안전욕구(Safety Needs)'가 우위를 차지한다고 한다. 이제 먹고 살기 힘들었던 시절의 성장 위주 사고에서 벗어나야 한다. 시민들의 삶의 질을 향상시키고, 더 높은 시민 요구들을 충족시키기 위해서는 도시의 안전이 무엇보다 중요한 토대가 되어야 한다.

두 번째로 도시의 지속 가능성을 보장하는 가장 기본적인 요소 중 하나는 안전이다. 도시가 안전할 때 시민들이 경제적으로 풍요로워질 수 있다. 안전은 기업과 투자자들이 투자를 원활히 진행하는 전제이기 때문이다. 또한, 해외 여행지를 선택할 때 그 도시가 얼마나 안전한가가 가장 큰 고려사항 중 하나일 것이다. 도시가 안전해야 관광객들이 안심하고 찾아온다. 안전은 도시가 지속적으로 성장하기 위한 전제이자 시민들의 삶의 질을 향상시키는 핵심 요소다.

마지막으로 도시가 안전해야 시민들이 위험에서 벗어날 수 있기 때문이다. 도시화와 산업화의 진전으로 개인들은 외부적 위험에 항상 노출된 채 살아가고 있다. 개인이 조심한다고 안전이 온전히 보장되기는 어려운 사회경제적 구조다. 결국 도시 자체의 안전이 확보되어야 시민들의 안전이 보장되는 것이다. 도시는 우리 집을 짓는 것처럼, 우리 집을 가꾸는 것처럼 해야 하는 이유다.

'유비무환(有備無患)', 준비가 있으면 근심이 없다는 말이다. 안전은 우리에게 자유로움을 가져다준다. 미래에 대한 두려움과 불안, 위험으로부터 해방되는 것을 뜻한다. 안전한 도시가 아이 키우기 좋고, 기업하기 좋고, 살기 좋은 도시다. 미래는 준비하는 자의 것이다. 넥스트시티로 가는 첫 걸음은 안전도시다.

참고문헌

1장_걷고싶은도시

1. 홍윤철, 《팬데믹》, 포르체, 2020.

2. 이상대&김은정 공저, 《건강도시》, 커뮤니케이션북스, 2018.

3. 제임스 코번, 《건강도시를 향하여》, 한울, 2013.

4. 문은숙, 《세계 건강도시 정책동향과 건강도시 서울의 미래》, 세계와 도시 11권, 서울연구원, 2015.

5. 《도시미래신문》, '도시가 건강해야 시민이 건강하다', 2014.

6. 김공현, 《건강영향평가의 배경 및 정의》, 《보건복지포럼》146권, 한국보건사회연구원, 2008.

2장_생태도시

1. 야마자키 미츠히로, 《포틀랜드, 내 삶을 바꾸는 도시혁명》, 어젠다, 2017.

2. 박용남, 《꾸리찌바 에필로그》, 서해문집, 2011.

3. 《경향신문》, '"녹색도시 만드니 사람들이 몰려왔다" '태양의 도시' 독일 프라이브푸크 환경전문가 베른트 달만', 2019.

4. 《연합뉴스》, '자동차가 아닌 사람을 위한 도시를 만들어야', 2013.

5. 《위키백과》, 생태도시

6. 새만금개발청 블로그

3장_디자인도시

1. 윤지영, 《도시디자인, 공공디자인》, 미세움, 2011.

2. 서정렬, 《도시 공공 디자인》, 커뮤니케이션북스, 2016.

3. 유현준, 《어디서 살 것인가》, 을유문화사, 2018.

4. 이석현, 《커뮤니티 디자인》, 미세움, 2014.

5. 가케이 유스케, 《디자인이 지역을 바꾼다》, 미세움, 2014.

6. 이경훈, 《지상 최고 난이도의 프로젝트, 도시 디자인》, LUXURY 2011년 4월호.

7. 이성호, 《도시디자인의 핵심과 과제》, Jeju Development FORUM, 2011.

4장_아이키우기좋은도시

1. 조영태 외, 《아이가 사라지는 세상》, 김영사, 2019.

2. 《한겨레》, '합계출산율 역대 최저 0.92명 기록… 올해부터 '인구절벽'', 2020.

3. 《중앙일보》, '가팔라지는 출산절벽 인구감소 원년 당겼다', 2021.

4. 《머니투데이》, ''나라가 키운다'…프랑스, 스웨덴 출산율 반등 특효약은', 2019.

5. 《신아일보》, '저출산 이야기 14-프랑스 출산율의 비밀', 2020.

6. 《한의신문》, '10년 넘게 저출산 대책에 나섰지만 왜 실패했나?', 2020.

7. 《글로벌이코노믹》, '저출산 원인은…', 2020.

8. 《경남일보》, '아이 키우기 좋은 사회적 기반이 핵심', 2020.

9. 《오마이뉴스》, '세종대왕 때 이미 출산휴가·남편육아휴직 있었다', 2004.

5장_문화도시

1. 나도삼,《문화도시의 요건과 의미, 필요조건》,《도시문제》 41권 446호, 대한지방행정공제회, 2016.

2. 박용남,《꾸리찌바 에필로그》, 서해문집, 2011.

3. 야마자키 미즈히로,《포틀랜드, 내 삶을 바꾸는 도시혁명》, 어젠다, 2017.

4. 권순석,《전환의 시대 문화도시를 고민한다》, 문화저널, 2021년 3월호.

5. 이태호,《미술, 세상을 바꾸다》,《미술문화》, 2015.

6. 김인선,《농부와 예술가의 아름다운 동행, 문호리 리버마켓》, 이로운넷, 2020.

7. 조명래,《문화도시만들기의 문제점과 특성화 전략》, NGO연구 제5권 제1호, 2007.

6장_기업하기좋은도시

1. 엔리코 모레티,《직업의 지리학》, 김영사, 2014.

2. 토마스 프리드먼,《늦어서 고마워》, 21세기북스, 2019.

3. 에드워드 글레이저,《도시의 승리》, 해냄, 2011.

4. 모종린,《작은 도시 큰 기업》, 알에이치코리아, 2014.

5.《서울경제》, '기업투자가 지역경제 살린다', 2014.

6.《중소기업뉴스》, '젊은이들이 선호하는 직장과 중소기업', 2019.

7.《경기일보》, '몰락하는 반월시화국가산업단지', 2020.

8.《중앙일보》, '초등학교 입학생의 65%, 현재 없는 일자리에서 일한다', 2016.

9.《중앙일보》, '"돈, 장비 다 있는데 사람이 없다" 네이버·카카오 대표의 호소', 2020.

10. 김태경,《판교테크노밸리의 성공요인과 서울 경제에의 시사점》, 서울연구원, 2015년 4월호.

11. 문미성,《창업생태계의 개념과 공간적 함의》, 국토연구 제456호, 국토연구원, 2019.

12.《조선일보》, '판교테크노밸리의 경쟁력과 한계…', 2017.

7장_평생학습도시

1. 김신일,《학습사회》, 학이시습, 2020.

2. 토마스 프리드먼,《늦어서 고마워》, 21세기북스, 2019.

3. 김신일,《학습도시 건설과 지역사회 발전》, 강릉시 세미나, 2009.

4. 한광식,《평생학습도시와 글로벌 학습도시 네트워크》, 한국대학신문, 2020.

5. 대구광역시교육청 공식블로그,《시민을 만드는 독일의 계속교육》, 2018.

6.《동아일보》, '인종-국적 차별 없는 사회통합의 배움터… 연 25만 명 찾아', 2017.

7.《금강일보》, '뮌헨시민대학 경쟁력은 '강사 전문성'', 2014.

8장_고령친화도시

1. 백선혜.안현찬 외,《노인을 위한 동네》, 서울연구원, 2019.

2. EBS《100세 쇼크》제작팀,《100세 수업》, 월북, 2018.

3. 폴 어빙,《글로벌 고령화 위기인가 기회인가》, 아날로그, 2016.

4. 김수영 외,《고령친화도시》, 미세움, 2017.

5. 이재원,《인구고령화, 재앙 아닌 축복으로》, 나라경제, 2017년 12월호.

6.《한국일보》, '한국노인, 3명중 1명이 일하지만…', 2020.

7. 《동아일보》, '눈앞에 다가온 '베이비붐 세대'의 은퇴…', 2020.

8. 이기영, 《베이비부머, 우리 사회 신성장동력으로 만들 것》, 나라경제, 2011년 4월호.

9. 정은하, 《해외 고령친화도시 정책 사례와 시사점》, 세계와 도시 12권, 2015.

10. 《중앙일보》, '한국 노인 취업률 세계 1위인데…', 2018.

11. 《매일경제》, '65+는 중년이다', 2018.

9장_건강도시

1. 홍윤철, 《팬데믹》, 포르체, 2020.

2. 김은정 외, 《건강도시》, 커뮤니케이션북스, 2018.

3. 제이스 코번, 《건강도시를 향하여》, 한울아카데미, 2013.

4. 문은숙, 《세계 건강도시 정책동향과 건강도시 서울의 미래》, 세계와 도시 11권, 2015.

5. 《도시미래신문》, '도시가 건강해야 시민이 건강하다', 2014.

6. 김공현, 《건강영향평가의 배경 및 정의》, 건강복지포럼, 2008.

10장_안전도시

1. 정재희 외,《안전사회 이렇게 만들자》, 나남출판, 2003.

2. 최호진,《문재인 정부 재난안전관리 정책의 주요 이슈와 우선 추진 과제》, 생협평론 30호, 2018.

3. 국립재난안전연구원,《안전에 관한 국민의식 및 정책방향 조사》, 2013.

4. 행정안전부 보도자료, 2017.

5. 한국셉테드학회 보도자료, 2017.

6. 《소방안전플러스》Vol. 016, 한국소방안전원, 2020.

7. 한국산업안전보건공단 공식블로그

8. 《머니투데이》, '뉴욕은 어떻게 미국에서 가장 안전한 도시가 됐나?', 2013.

넥스트시티
초판 3쇄 발행 2021년 12월 1일

지은이 김동근
편집인 최계동
펴낸이 최윤현
디자인 박진희

펴낸곳 더포스트
출판등록 제 2021-000275호
등록일자 2021년 9월 24일
이메일 choi@guevara.co.kr

ⓒ 더포스트, 2021
ISBN 979-11-975930-0-0

잘못된 책은 구입한 서점에서 교환해 드립니다.